家庭教育

JIATING JIAOYU

四年级

总主编——朱永新
本书主编——李福灼 童喜喜

漓江出版社
·桂林·

图书在版编目（CIP）数据

家庭教育．四年级 / 朱永新总主编；李福灼，童喜喜主编．-- 桂林：漓江出版社，2023.8
ISBN 978-7-5407-9145-2

Ⅰ．①家… Ⅱ．①朱… ②李… ③童… Ⅲ．①小学生—家庭教育 Ⅳ．① G782

中国版本图书馆 CIP 数据核字（2021）第196493号

家庭教育　四年级

JIATING JIAOYU SINIANJI

总 主 编　朱永新
本书主编　李福灼　童喜喜

出 版 人　刘迪才
选题统筹　李　弘
责任编辑　覃乃川
装帧设计　黄　洁
责任监印　杨　东

出版发行　漓江出版社有限公司
社　　址　广西桂林市南环路22号
邮　　编　541002
发行电话　0771-5825315
邮购热线　0771-5825315
网　　址　www.lijiangbooks.com
微信公众号　lijiangpress

印　　制　广西民族印刷包装集团有限公司
开　　本　787 mm × 1092 mm　1/16
印　　张　12.75
字　　数　198千字
版　　次　2023年8月第1版
印　　次　2023年8月第1次印刷
书　　号　ISBN 978-7-5407-9145-2
定　　价　32.00元

丛书编委会

总主编　朱永新　国家全民阅读形象代言人。全球最大教育奖项“一丹教育发展奖”得主，国际“爱阅人物奖”得主，“中国阅读三十人论坛”成员，新教育实验发起人，新阅读研究所创办人。出版《未来学校》《致教师》等专著数十部，作品版权输出美国、法国、德国、日本等，被译为31种语言。被评为“中国十大教育英才”、中国教育60年60人、“为了公共利益”年度人物、“2020年度全国政协委员优秀履职奖”等。

执行主编、小学学段主编　童喜喜　儿童文学作家，教育学者，说写课程创始人。中国十大作家奥运火炬手，全国推动读书十大人物，教育部“全民阅读标准建设工程”咨询专家，美国哈佛中国教育论坛第一位儿童文学作家，“中国阅读三十人论坛”成员兼秘书长。作品输出海外，被译为3种语言。

学前、幼儿学段主编　文萍　广西幼儿师范高等专科学校校长，广西教育学会副会长，教育部职业院校教学指导委员会中小学教育专门委员会副主任委员。

学前、幼儿学段主编　杨咏梅　中国教育报家庭教育周刊原主编，第二届中国家庭教育“十佳”公益人物，中国家庭教育学会宣传教育专业委员会副理事长，中国教育学会家庭教育专业委员会常务理事。

小学学段主编　李福灼　南宁师范大学教师教育学院院长。教育部国培计划专家库专家，教育部中小学校长国家级培训专家库专家，教育部—联合国儿童基金会“社会情感学习（SEL）”项目国家级专家。

初中学段主编　石鹏　广西南宁市第十四中学校长，“全国家庭教育创新实践基地”学校带头人，曾获“全国模范教师”“全国优秀教师”“特级教师”“广西基础教育名校长”等荣誉称号。

初中学段主编　殷飞　南京师范大学心理学院副教授，南京师范大学家庭教育研究院副院长，江苏省家庭教育研究会副会长，中国家庭教育学会常务理事。

高中学段主编　王文蓉　南宁师范大学教师教育学院副院长，硕士生导师。教育部全国中小学幼儿园教师培训专家工作组专家，教育部国培计划专家库专家，教育部校长国培计划专家库专家，教育部—联合国儿童基金会“社会情感学习（SEL）”项目国家级专家。广西家庭教育研究会副会长，广西教育学会家庭教育专委会理事长。

高中学段主编　翟博　中国教育报刊社原党委书记、社长。在理论研究、教育研究、新闻和文学写作等多方面取得丰硕成果。

本书编委会

总 主 编： 朱永新
本书主编： 李福灼　童喜喜
副 主 编： 邓立玲
本书作者： 邓立玲　陆　欣　蒙燕玲
李晓琳　任毓萍　黎玉兰

总 序

家庭是教育的起点

朱永新

我们培育的孩子，是中国美好的明天，是我们共同的未来。每个大人都希望孩子有出息，希望今天的孩子是明天的人才。

但是，无论父母还是老师，我们很多大人在面对孩子的许多问题时，经常力不从心，不知所措。遇到困难的大人们，无论是渴望家庭教育方法的父母长辈，还是希望引导父母做好家庭教育的一线教师，不仅需要倾诉和聆听，更需要得到指导和帮助。这一套为家长量身打造的“家庭教育”丛书，正是为此应运而生。

为了让这套“家庭教育”丛书能够得到更好运用，在编写过程中，我们对各个环节进行了精心的设计。

我们针对0～3岁、幼儿园、小学、初中、高中五个阶段，分别邀请专家学者进行主编：《中国教育报·家庭教育周刊》主编杨咏梅和广西幼儿师范高等专科学校校长、教育学博士文萍主编0～3岁阶段和幼儿园阶段的内容，新教育萤火虫亲子共读公益项目创始人、原新家庭教育研究院理事长、著名儿童文学作家童喜喜和南宁师范大学教师教育学院院长、教授李福灼主编小学阶段的内容，南京师范大学教授、新家庭教育研究院副院长殷飞和南宁市第十四中学校长、正高级教师石鹏主编初中阶段的内容，中国教育学会家庭教育专业委员会常务副理事长、中国教育报刊社原党委书记兼社长翟博和南宁师范大学教师教育学院副院长、广西家庭教育研究会副会长王文蓉主编高中阶段的内容。

这五个阶段的主编，都是活跃在一线的优秀专家，在学术研究上各有造诣，都是家庭教育工作的资深学者，常年奔走在全国各地，对家庭教育的一线情况如数家珍，不仅有着广泛的影响力，更对不同地区的家庭教育特点有着全面把握，让这套丛书的内容能够更好地覆盖不同群体。

我们反复研讨，提出了诸多具体细致的编写要求。比如写作中，围绕相同问题，需要归纳不同背景、不同环境下容易出现的不同类型的状况或做法，分门别类地进行指导，从而让读者在阅读中更容易发现自己的问题和不足，选择方法时更有针对性等。

我们组建了由在中小学、幼儿园工作的优秀教师和全国各地的“新教育种子计划”公益项目的榜样教师组成的作者团队。这些作者本身就活跃在家庭教育的一线，他们每个人都在为丛书添砖加瓦，使得这套丛书更接地气，进一步提高其实用性。

我们以“过一种幸福完整的教育生活”作为宗旨，在内容中贯彻诸多家庭教育的根本理念，如“教育，从家庭开始”“幸福比成功更重要，成人比成才更重要”“阅读和家庭，是教育的两大基石”“母亲是女人最神圣的天职”“父亲是男人最重要的工作”“与孩子一起成长”“教育需要智慧爱”等。

我们反复推敲丛书的体例，形成了一个严密而高效的结构——

导语，对单元目标进行提纲挈领的把握。

案例分析，以当下事件为切入点，提炼重大问题，有的放矢。

了解孩子，明确不同年龄段孩子的主要特点，增进多方了解。

实施指南，以简明扼要的语言提供具体方法。

延伸拓展，围绕相关主题，推荐更多图书、影视或亲子活动，便于按图索骥，亲子共读、共赏、共乐。

评估改进，以现实生活中易犯的错误，结合章节的主题，编写测试题，供读者自测、自评，拟订行动计划。

鲜活的案例、务实的分析、高效的方法、贴心的测评，我们相信，这套丛书能够成为家庭教育的高参，成为家校共育的锦囊。

其实，在收到主编这套“家庭教育”丛书的邀请之时，我犹豫了很久。一是因为本职工作已经非常忙碌，主编一套丛书需要不少时间；二是因为早在几年前，我已经组织编写过一套同类题材的图书。最终，考虑到漓江出版社当时是应教育部门的委托前来邀请，考虑到有了此前的经验能够弥补一些不足，可以进一步提高家庭教育的有效性，我还是答应下来。

我知道，理念转化为图书容易，方法转化为行动艰难，所以我们从不同层面，推动着行动。

我把主编这套丛书的稿费100%捐赠给江苏昌明教育基金会，用于开展更多家庭教育研究和实践。

这套丛书的主编团队、作者团队，不仅会完成这套丛书的编写，还会在更多家庭教育的活动中，身体力行地帮助家长、教师、社会工作者运用这些知识。

在漓江出版社的支持下，由“家庭教育”丛书的编写委员会执行主编、小学阶段主编童喜喜以中国儿童文化艺术基金会“新孩子”专项基金和新教育新阅读研究所统筹组建的公益团队，已经在为城市、乡村等不同处境的父母群体细化研发更有针对性的课程，密切关注留守儿童成长问题、隔代教育问题等，并借助网络的便利，以公益的方式，将以“新父母双师网校”为载体，以“新教育种子计划”“新教育萤火虫亲子共读”等公益项目，为父母、老师提供更多跟进指导。

这套丛书的内容得到了许多学校的认可。如今越来越多的学校教育工作者发现：家庭教育做好了，学校教育的地基就坚实了。所以，我们也和漓江出版社多次沟通，根据学校的特点和要求进行相应调整，专门推出了适合学校工作的版本，便于学校组织开展家庭教育工作。

陶行知先生说过：“生活即教育。”家庭教育正应该成为这样的生活。教育应以万千家庭的生机盎然，组成新时代的蓬勃原野。

感谢漓江出版社的信任，感谢参与编写和创作的全体专家、老师认真勤奋、卓有成效的工作。错漏之处，敬请读者们多多指正。

家庭是教育的起点。起点稳了，方向对了，基础就牢了，孩子就好了，家庭就和谐了，教育就完整了，人生就幸福了。让我们一起努力，用好教育建设我们的好家庭！

2022年8月13日写于高铁途中

开 篇 语

自律发展，独立思考

日复一日，年复一年，孩子已渐渐长大。进入四年级，孩子已是小小少年。此时的他们应该机灵活泼、阳光勤奋、自律勇敢、宽容友善、独立自信、善思诚勉……这是孩子应该呈现出的状态，也是家长希望孩子具有的美好品质。

然而，孩子们在现实中的表现不尽如人意，甚至让家长头痛不已：有时表现出磨蹭和拖拉，让家长烦躁不安；有时流露出与家长对着干的神情，让家长愤怒无语……真是应验了那句古话“八九岁的年纪连狗都嫌”，此时孩子正处于“鸡飞狗跳”的年纪。

家长朋友们，你们想过原因吗？根据孩子成长的心理特点，此时的孩子在认知分辨、自我意识、自控自律、情感发展、遵守纪律、秩序感发展、人际交往、表达能力、自尊心和上进心等方面已经有了新的变化。而我们呢？也许还停滞不前，我们的教育思想和理念跟不上他们成长的步伐，我们滞后了。

山海皆可平，万物皆可变。适合四年级孩子心理特点的家庭教育书籍应运而生。本书围绕“自律发展，独立思考”这一核心主题，用生动的案例和具体的策略，指导家长如何从生活中的小事入手，抓住日常生活中的教育契机，引导孩子由他律到自律，由依赖到独立，由生搬硬套到深思熟虑……让自律成为孩子生活的常态，让独立思考成为孩子生活的方式，让孩子在家长的陪伴下明白“我是谁—我该做什么—我该怎么做”。

良好的家庭教育是孩子健康成长的沃土，而爱学习、懂科学教育方法的家长会成为孩子成长路上最好的领航人。愿家长们行动起来，学习、改变、成长，成为更好的自己，学会用智慧的爱陪伴孩子健康快乐地成长！

目　录

四年级上册

“其身正，不令而行；其身不正，虽令不从。”家长自律自爱，对孩子用心引导，孩子就能在和谐、积极的家风环境中茁壮成长；家长尊老爱幼、尊重生命、爱惜自己的名誉，孩子自然会以家长为榜样，与家人相亲相爱，与朋友守望相助。久而久之，一家人会因为自律而变得更加自爱，并懂得珍惜彼此，始终保持积极向上的心态。

善于独立思考、谨言慎行、积极参与生活的孩子往往是快乐而幸福的。为此，本专题详细阐述了在原生家庭中孩子无法养成“独思、慎行、乐参与”等习惯的原因，并提供具有针对性的解决方法和策略。通过阅读本专题，家长会逐渐打开一扇理想的教育之门。

每一只雏鸟，要想成为能在天空展翅翱翔的雄鹰，都需要有惊人的意志力和无数次的磨砺与锤炼；每一个好奇心，都是孩子成长道路上的创新动力，都有可能是孩子成就自我的重要推手；每一天的阅读，既能让孩子从书的海洋里汲取养分，也能让孩子在阅读中体会到成长的快乐。

四年级下册

沟通可以是打开孩子心扉的一把钥匙，沉默是锁住孩子心门的一把锁。与人友善相处，既要学会表达、沟通，主动接纳自己，也要学会接纳别人，还要学会换位思考，相互理解，相互包容。本专题，我们就一起来探讨，家长应该怎么在家庭教育环境下对孩子进行友善教育，构建友善人际关系，与孩子一起把友善传递给周围的人。

攀比是一种狭隘的不健康的心理。一旦攀比心理需求无法得到满足时，就容易产生挫折感和自卑情绪。网络就像一把双刃剑，既有其有利的一面，也有其弊端的一面。如何教育孩子正确面对攀比，理智对待网络这把双刃剑？让我们在本专题一起学习“不攀不迷养正气”的智慧吧！

父母是孩子的第一任老师，家庭是孩子的第一所学校。家校社共育是家长、学校、社会在明确主体责任的情况下多方配合，共同培育和教育孩子，以实现最佳的育人效果。如何帮助儿童在家做个好孩子、在学校做个好学生、在社会上做个好公民？让我们一起学习本专题的内容吧！

四年级上册

第一专题　自律自爱树家风

四年级是孩子成长的一个分水岭，是孩子生理和心理发生转变的重要时期。从学段的角度看，这是从小学低年级向高年级的过渡期；从生长发育的角度看，这是从儿童向青少年的过渡期；从学习能力的角度看，这是从机械模仿转为选择性模仿的关键期；从意志品质的角度看，这是从他律转向自律的关键期。为了让孩子顺利迈过这道分水岭，朝着更积极的方向发展，家长需要重视良好家风的建设，即以言传身教培育自律、自爱的家风。

本专题将围绕“自律自爱树家风”这一主题，分别从爱家人、守交规、讲文明三个方面进行阐述，旨在帮助家长更好地引导四年级的孩子养成自律、自爱的良好品质。

第一小节是《珍重彼此——爱上自律的家人》。该小节阐述了在家风建设的过程中，家人的言传身教对孩子有着巨大的影响力。有人说：“家是一块田，种瓜得瓜，种豆得豆。”在日常生活中，家里有爱，家长自律，做事有计划，孩子的品质、品格也会往好的方向发展。

第二小节是《珍爱生命——与孩子一起遵守交规》。该小节以身边常用的交通规则作为切入点，通过剖析不守交规的原因以及可能出现的结果，加强家长对生命的尊重，进而重视对孩子进行生命安全的教育。

第三小节是《珍惜形象——做公众场合的文明典范》。该小节通过列举公共场合常见的不文明行为，指出家长不文明行为问题的症结，强调孩子养成文明规范行为习惯的重要性，以此引导家长与孩子珍惜个人的公众形象，维护自己作为社会人的正面形象。

珍重彼此
——爱上自律的家人

案例分析

家长在要求孩子完成各种目标的同时，往往会忽略孩子的感受。事实上，家长对孩子的要求，也许也是孩子对家长的要求。因此，想要培养出自律的孩子，家长也应该让自己成为自律的人。

案例一：生活在单亲家庭的我依然很幸福。

“爸爸妈妈离婚之后，家里只剩下我和爸爸两个人。虽然爸爸的工作很忙，但是他都会在闲暇的时候陪着我。我们每周都有一个固定活动日，在活动日当天，我们要么去图书馆看书，要么去美术馆看主题展，要么做劳动……在爸爸的教导下，我掌握了更多的知识！”老师发现，四年级的文曼在父亲的影响下，做事更有条理，变得更加自律了。

案例二：都是手机惹的祸。

丁宁和妹妹在村里生活，由于父母感情不和，母亲在外打工，长年不回家；父亲在家照顾有中风症状的爷爷，平时主要靠玩手游来打发空闲时间。丁宁和妹妹看着爸爸玩手机如此痴迷，对手机的好奇心日益增长，一有时间便会围在爸爸旁边看手机。两个孩子还以方便母亲联系、线上学习等理由，让母亲给他们买手机，此后越发沉迷手游。现在他们的学习与精神状态，都大不如以前了。

从上述案例可以看到，孩子的行为容易受到家庭成员尤其是父母行为的影响，自律的家人，给孩子的引导多是正向的；不自律的家人，给孩子的影响多是负面的。之所以出现此类情况，主要有以下几个方面的影响因素。

1. 无视家风建设，家人没有养成自律习惯。

家风是家庭或家族世代相传的风尚、生活作风，也即一个家庭当中的风气。如果家庭或家族具有一股积极向上的风气，孩子也会在这种良好风气下茁壮成长。在家风建设与传承中，关键的人物是家长，如果家长自律，既有利于全家人自律习惯的养成，也有助于养成家族传承的优良品质。反之，如果家长不自律，家庭或家族内没有形成良好的家风，那么家就像大海里的一叶孤舟，没有方向，没有凝聚力，也没有应对风浪的能力。在遇到困难的时候，家长很容易会被打倒，更谈不上为孩子遮风挡雨。

2. 家长言传身教，给孩子树立良好的榜样。

教育孩子，说一百、道一千，都不如家长正面引导做一次。以身作则、自律自爱的家长，不仅可以用良好的言行举止在工作、生活、学习等方面给孩子积极的影响，为孩子带来“润物细无声”的引导，而且可以更好地掌握家庭教育的主动权，让孩子接受父母给予的正确教育，从而培养起健全的人格。比如，在案例一中，文曼的爸爸虽然忙于工作，但依旧很重视文曼的成长，在日常生活中主动与孩子沟通，以身作则，带孩子进行各种社会实践活动。在爸爸的影响下，文曼不仅学到了更多的知识，还养成了自律的行为习惯。由此可见，家长的言传身教会让孩子获得更好的成长。

3. 纵容自由散漫，监护人没有承担起家庭教育的责任。

四年级的孩子，虽然不会盲目模仿，但在缺少家庭管束教导的情况下，大多数孩子会选择做让自己感到“不烧脑”、不必花费太多精力的事情，他们的成长也显得比较自由散漫，不太愿意接受约束。比如，让孩子在玩手游与学习两者之间做选择。如果家长没有进行正确的引导，或者孩子对学习没有浓厚的兴趣，大多数的孩子会选择前者，毕竟认真学习比放松玩游戏要更辛苦。在案例二中，丁宁的爸爸没有注意自己行为对孩子造成的影响，对孩子学习、生活的监管也不够到位，导致孩子日益沉迷于手机游戏。这个时期的孩子在生活起居上已经慢慢独立，于是，有的家长开始对孩子进行“放养”，或者交由祖辈全权监护。此时，孩子就很容易躲避父母的监管，不服从祖辈的管教。久而久之，孩子会缺少自我约束的能力，逐渐变成不自律的人。

了解孩子

四年级孩子的自我意识正在觉醒，他们需要被关注、被认同，希望自己的一些看法能得到尊重；当然他们也会学习，对照身边的人和事，形成自己的想法和做法。但不管怎么样，他们都还是孩子，家是他们最大的避风港，自律的港湾，能让他们平静而又自在地依恋着。

一、对良好的家庭氛围充满期待。

在这一阶段，大多数孩子还保留着最初的天真烂漫，他们活泼可爱、积极向上、性格开朗、无忧无虑。个别发育较快的女孩子对自我、他人、家庭、社会有了一些浅显的认识，男孩子的发育则晚半年至一年左右。但是无论如何，孩子对家庭是充满期待的，这主要包括以下方面：一是期待父母和其他家人和和美美，家人之间交流平和友善，自己可以对长辈撒娇卖萌，家庭充满欢声笑语；二是盼望父母能够定期抽出时间陪伴他们，诸如指导他们学习、与他们谈心、带他们劳动等；三是希望家里窗明几净、整洁舒适，自己一回到家就感觉很温馨。这些期待折射出孩子对自律的家风的期待，他们希望家人能够管理好自己的情绪，安排好自己的时间，打理好家庭生活。正所谓环境育人，自律且有爱的家庭环境，也许给不了孩子更多的物质享受，但一定是孩子茁壮成长的沃土。

二、需要自律与他律的共同作用。

美国著名教育家曼恩说："习惯像一根缆绳，我们每天给它缠上一股新索，要不了多久，它就会变得牢不可破。"常言道："没有规矩，不成方圆。”可见，无论西方教育还是东方教育，都非常重视良好的行为习惯的养成。四年级是孩子习惯养成的关键时期，父母注重规则的制定与遵守，有利于孩子养成良好的学习、生活等方面的行为习惯；反之，孩子一旦养成不良的行为习惯，除非家长持续进行有针对性的特殊训练，否则很难扭转。因此，在孩子的家庭教育上，父母既要重视对孩子进行自律训练，也要辅以他律，使自律与他律成为四年级孩子培养良好行为习惯的内驱力和外驱力，为孩子养成终身受益的行为习惯奠定良好的基础。

三、正在不断地发现自己。

有些家长在与这个时期的孩子相处时，不免有以下感受：“我的孩子开始顶嘴了。”“有时候孩子会反过来批评我。”我们需要明白，孩子的知识、能力、情感、价值观已慢慢融入自己的思维，从“听家长的”向“不受家长意见左右”过渡，从“把心中所想、眼中所见都跟家长讲”向“不愿意和家长分享”过渡。因此，孩子会在与家长或长辈、老师或同学的小碰撞、小冲突中进行自己的思考，从而发现自己与他人的不同点，进而通过自主调整和优化，促进自己的成长。孩子在处理事物的过程中，他所处的家庭环境以及家长对孩子的影响力，共同决定了他站在什么角度看待并发现自己。如果家长很注重自律家风的培育，那么孩子的自我发现就是正常的“三观”；反之，孩子的自我发现就会是被带偏的甚至是长歪的“三观”。这个时期，聪明的家长会让孩子在发现自身优秀品质的同时，发现父母的优秀品质。

通常来说，四年级的孩子不再是家长眼里的“乖宝宝”，他们的知识、能力与价值观都在随着年龄的增长不断地发展、变化，遇到事情有自己的思考、自己的判断。在他们的内心世界，对家长、对自己又有怎样的看法呢？

1. 请放下手机吧！

“又玩手机了？做你的作业去！你有时间就不能主动看会儿书吗？”这是爸爸经常对我说的话。可是爸爸自己也很爱玩手机，手机几乎从不离手。很多次我跟爸爸讲话的时候，他也总是盯着手机，只是用“嗯”“呃”回答我，让我觉得很郁闷。

2. 良好的作息习惯让生活更美好！

每天晚上九点半，我都会在睡觉之前把第二天上学要用的东西收拾好，因为爸爸妈妈教育我要养成早睡早起、规律生活、自我管理的好习惯。为了让我安心睡觉，爸爸妈妈也会早早地洗漱、休息。我相信，良好的作息习惯会让我们拥有健康的身体，我们的生活也会因此变得更美好！

3. 情绪稳定才能有效沟通！

爸爸妈妈的情绪会有开关吗？爸爸的脾气就像鞭炮一样，一点就着，只要有一点点不合他的心意，他就会大吼大叫，让我感到很害怕。妈妈也总是会因为一些小事不断地念叨，让我觉得很心烦。为什么我们不能心平气和地沟通呢？为什么我的情绪就得压抑着，他们就可以“自由发挥”呢？

孩子的内心世界需要家长用心去看、用心理解。四年级的孩子是矛盾的，他们既想长大，又怕长大；他们既在模仿，又在不断地重塑。他们眼里的家长是什么样的，也许他们就在不知不觉中长成什么样。因此，对四年级的孩子来说，家长的自律自强、家人的互爱互助、家风的至纯至真都有着正面影响。

实施指南

习近平总书记一直很重视家风建设，他曾说过："家庭是社会的基本细胞，是人生的第一所学校。不论时代发生多大变化，不论生活格局发生多大变化，我们都要重视家庭建设，注重家庭、注重家教、注重家风。"自律的家风是家庭发展和延续的"关键项"，也是家庭精神的浓缩和特色所在。因此，家长可以尝试从以下几个方面加强自律的家风建设。

◆ 策略一：家人是孩子的首席教师，应为孩子树立自律的榜样。

父母或实际监护人是孩子模仿的首要对象。培养自律的家风要从父母或监护人的言行举止做起。家长能做到言行有规矩，管得住自己，孩子自然也会效仿。本书副主编张冬森老师是一名教育研究者。在回顾自己的成长历程时，她忘不了自律的妈妈给她带来的积极影响。

我是一名教育工作者，用教育者的眼光回看妈妈对我的教育，正是典型的榜样教育。

我是在热闹的四合院里长大的。在大宅子里，大人有大人的娱乐，小孩有小孩的玩法。每次我玩得很晚才回家时，一方面担心被妈妈管束，一方面又心存侥幸地希望她不在家。遗憾的是，除了特殊原因，妈妈基本上都会在家等我。那时候，我曾经问过妈妈："为什么我每天回家都能看到您？为什么您不和院子里的大人们聊聊天呢？"文化水平不高的妈妈并没有说太多的大道理，只是耐心地回应道："我从村里的工厂领成衣制品回家加工，就是想着你一回到家就能看到我。这样你才不敢在外面放肆地玩耍。我并非不愿意和别人聊天，而是担心会给你带来错误的示范。毕竟你不应该把时间浪费在闲聊中。有时候，就算有人来家里找我聊天，我也会一边加工衣服，一边听人家说话。我希望你能看到妈妈的勤劳与努力。”现在回想起妈妈的这番话，我顿时感觉自己是多么幸福。妈妈用自己的言传身教让我懂得自律与努力，让我学会把时间放在更重要的事情上，从而成就如今的我。同样，在家庭教育过程中，我也坚持以身作则，用自律的言行影响和促进孩子们的成长。

通常来说，自律的孩子背后都站着以身作则的家长。这不是遗传，也不是说教，更不是“棍棒 + 金钱”教育的结果，而是家长的言行直接影响了孩子，让孩子“有样可学”，并从中看到了自己该有的样子。俗话说：“孩子是父母的镜子。”作为家长，我们想要孩子成为什么样的人，我们就要首先做什么样的人。父母只有真正懂得自律，才能更好地引导孩子养成自律的好习惯。

◆ 策略二：与孩子共同制订有目标的行动计划，合理规划时间。

自律的家长，往往能把自己以及家人的生活、工作和学习都安排得井然有序，因为他们能够合理规划时间。培根说得好：“合理安排时间，就等于节约时间。”计划，就是合理安排时间的表现。家长和孩子都需要制订一些有确切目标的行动计划。大家只要坚决执行事先商定的行动计划，就可以有条不紊地安排自己的学习、工作和生活。

世界乒坛名将邓亚萍，从小立志当一名运动员，但因为个子矮，身体条件不符合进入体校的要求而被体校拒之门外。她没有因此而气馁，而是坚持执行爸爸为她量身打造的训练计划：每天上完体能课后，还要做100个发球接球的动作。年仅10岁，邓亚萍便在全国少年乒乓球比赛中获得团体和单打两项冠军。进入国家队后，邓亚萍都会在完成队里布置的任务之后，有计划地给自己增加训练时间。据其教练张燮林统计，邓亚萍每天接球、发球1万多个。

狄更斯曾说过：“延误是偷光阴的贼。”合理管理时间并高效利用时间，可以有效克服各种因不自律而出现的延误。要想真正地管理和利用好时间，父母需要与孩子一起制订目标明确、安排合理的行动计划。通过对每天、每周、每月或每个阶段的目标、任务和时间都做出详细的计划，家长可以更好地帮助孩子有效管理和利用时间。为此，家长可以参照下面列出的“每周自律打卡计划表”，与孩子一起制订类似的计划安排表，并切实监督孩子的完成情况。

每周自律打卡计划表

时间	计划	星期						
		一	二	三	四	五	六	日
07：00—07：30	起床 & 锻炼							
07：30—08：00	吃早餐 & 上学							
08：00—12：00	星期一至星期五在校学习							
	星期六、星期日综合素养：学习、锻炼、郊游等							
12：00—14：00	午餐 & 午休							
14：00—17：00	星期一至星期五在校学习							
	星期六、星期日综合素养：学习、锻炼、郊游等							
17：00—18：00	锻炼 & 回家							
18：00—19：00	晚餐							
19：00—19：30	观看《新闻联播》							
19：30—21：00	做家务、完成作业、与家人交流、睡前准备等							
21：00—21：30	睡前阅读							
21：30—次日07：00	休息							
小目标	大目标	周积分	亲子约定	亲子互动交流				

注：全部完成打“√”，积10分；基本完成打“□”，积5分；未完成打“×”，积0分。

◆ **策略三：为孩子营造一个温馨整洁、充满爱与温暖的家。**

从孩子出生的那一天起，家庭就是他成长的第一环境。可以说，孩子的情绪、行为习惯、理想与信念都是从家开始的。整洁有序的家庭环境需要家长与孩子的共同努力。在生活中，家长要有意识地带领孩子一起做家务，共同遵守不随意堆放物品、自觉收纳与整理的规矩。事实上，引导孩子学会整理物品也是培养规则意识的重要方式。

我们都知道，军人很注重内务管理。比如，床铺的被子会被折叠成直角状的“豆腐块”，日用品的摆放要呈队列状。军人在部队里还常说这样一句话：“出门看队列，进门看内务。”队列体现了纪律性、大局观和服从性，内务则反映出军人自律、军容严整的情况，两者能够充分体现一支部队的凝聚力、管理水平，能够振奋军心，给人以信任感。整齐的步伐、整洁的环境充分体现军队的正规秩序感，这既维护了部队的整体形象，也让军人拥有一个干净、整洁的家。

一个温暖有爱、让人心情舒畅的家，能“阻挡”从外面带回来的疲惫，能为孩子提供丰富的精神营养。良好的家庭氛围包括：家庭成员之间关系融洽，互相关心与尊重，在相处过程中多一些理解与包容，少一些争吵与猜疑；长辈爱护幼者，幼者尊敬长辈；家庭成员们分开时各有空间，聚拢时言笑晏晏。为了营造良好的家庭氛围，家长需要管理好自己的情绪，用积极的情绪有效地帮助孩子解决成长中的遇到的问题。

家是孩子成长的摇篮，全家人如果共同努力建立一个充满和谐、温暖的家庭，把健康文明的生活情趣注入家庭环境中，就能为成长中的孩子注入生机和活力，帮助孩子不断提高自身的修养和自我约束能力，让孩子在没有压迫感的土壤里获取前进的信心和勇气。

珍爱生命
——与孩子一起遵守交规

案例分析

案例一：侥幸心理，危机四伏。

小明上学的路上要经过四个红绿灯路口，小明的妈妈用电动车送他上学时，因为不愿意在红灯时等待，总会违规“曲线绕行”。在一个下雨的早晨，小明的妈妈正带着小明“曲线绕行”的时候，一辆正常左拐汽车的气流掀起母子俩的雨衣，尽管小明的妈妈尽力扶稳电动车，但因路面过于湿滑，小明和妈妈还是摔倒了。幸亏母子俩只是轻微擦伤，没什么大碍。

案例二：疏于管教，安全意识淡薄。

淇淇总会在周末晚上和几个小伙伴相约去广场玩滑轮，家长因为互相熟悉，常会在孩子们玩耍的时候聊天，无暇照看孩子。淇淇几个孩子不满足广场的空间，打算溜到马路边上滑。一开始，大家还小心翼翼，但在一阵玩乐后就忘记了危险，一位叔叔开着车心有余悸地从他们旁边偏过，而一位爷爷不幸地被他们撞倒。聊得热火朝天的家长们这才发现事情的严重性，及时制止孩子们的危险行为。幸运的是，爷爷并没有受伤……于是大家把被撞倒的爷爷扶了起来，安全地送回了家。

案例三：不辞辛劳，只为安全。

威威三兄弟上下学都靠爷爷一辆电动车接送，爷爷常常需要来回三趟才能把三兄弟都送到学校，虽然路程不远，但需要在车流量大、车速快的大路上行驶500多米。威威看爷爷每天都那么辛苦，就提议让爷爷一次搭三个孩子，但爷爷义正言辞地拒绝了，坚持挨个接送，为孩子们树立起遵守交通规则的示范作用。

很显然，案例一和案例二的主人公都遇到了因违反交规而带来的危险。而在案例三中，威威的爷爷则始终把安全放在第一位，为孩子树立起主动遵守交通规则的好榜样。经过综合分析，我们发现孩子对安全及规则意识的认识主要受到以下几个方面因素的影响。

1. 家长存在侥幸心理，给予孩子错误的导向。

我们经常能看到各种不遵守交通规则的行为。闯红灯就是常见的一种违反交通规则的行为。通常来说，闯红灯有三种情况：①明知是红灯，自认为没有车辆往来的硬闯；②抢灯，在绿灯转红灯或红灯还没转绿灯时，抢先通过；③绕行，许多人为了所谓的节约时间，在红灯亮时绕到可行的安全岛，毫无顾忌地绕行。此外，还有肆意穿插、逆向行走、转向不打灯、驾车看手机等违反交规的行为，给自己与他人带来了实际或潜在的危害。从行人的角度看，行人横过马路时因为“怕麻烦”“节省时间”“我看着呢，没问题的”等理由，不走人行横道线、地下通道、人行天桥，而是选择翻越栏杆、横穿马路。这些心存侥幸的心理最容易造成交通事故，一旦侥幸变成不幸，自己就成了制造危险或者被危险“光临”的人。

2. 孩子缺乏系统的交通知识，安全意识淡薄。

毕竟孩子并未系统地学习交通安全知识，也并未经历过专业考核，他们对交通规则的认识大都“师从”成人。通常来说，成人对孩子的影响主要有以下几个方面：①成人的种种不遵守交规的行为，都会给孩子带来很大的负面影响。虽然学校反复跟孩子强调交通安全的重要性，也经常对孩子进行交通安全常识教育，但经不住成人的一次负面教育。比如，成人侥幸安全地闯过红灯，如果旁边看着这一幕的儿童没有得到及时的引导和约束，久而久之，就会产生“闯红灯也没事”的想法，进而把“违反交通规则也没事”的种子埋在心里。②孩子在与家长一起出行的时候，会主动或被动地跟着家长违反交规。“主动”指的是孩子自身的交通安全意识淡薄，没有发现自己与家长的行为已属违规；“被动”指的是孩子明知道自己的行为已经违反交规，却只能无可奈何地跟从家长。③因为孩子本身弱小，没有办法规避不安全行为。中国青少年研究中心一项全国性调查显示，安全事故已经成为14岁以下少年儿童的第一死因。孩子由于体型比较小，很难被司机觉察，对将要发生的危险不能及时判断并做出正确的反应，或者沉浸在自己的乐趣中不能及时感知危险的到来，再加上道路设计等交通安全提醒标志的设置缺乏对孩子的关注，故而导致孩子比成人更易受到交通事故的伤害。

3. 家长以身作则，为孩子树立遵守交通规则的榜样。

部分孩子对交通安全不够重视，交通法规知识薄弱，此时家长须以身作则，通过自己正确的行为示范，主动为孩子树立遵守交通规则的榜样。比如，在案例三中，威威的爷爷为了保证孩子们的安全，宁愿自己多跑几趟，都不愿意超载，这既是长辈爱孩子的体现，更是对生命的尊重。威威三兄弟在爷爷的影响下也逐渐明白交通安全的重要性，并增强了交通安全意识。家长是孩子成长路上的老师，家长在日常生活中的言行举止都会对孩子的成长带来潜移默化的影响。

电影《流浪地球》里有一句经典台词：“道路千万条，安全第一条，行车不规范，亲人两行泪。”生命最可贵，自觉遵守交通安全法规能在一定程度上有效保证我们的生命和财产安全。遵守交规、尊重法规、敬畏法纪、坚守底线，是一个人良好素质的表现，是遵纪守法的具体体现。只有家长主动、自觉遵守交通规则，以身作则，孩子才会养成遵守交通规则的行为习惯。

了解孩子

四年级的孩子虽然在学校里接受过一定的交通安全教育，掌握了一些基本的交通安全知识，也有一定的安全意识，具备一定的是非判断能力，但大多数孩子会出现在思想和行动上选择对家长服从和对小伙伴盲从的情况。因此，家长要时刻绷紧交通安全教育的弦，从自己做起，尊重和遵守规则，并在做好孩子榜样的同时，加强对孩子交通安全意识的有效引导与培养，为孩子幸福、安全、健康的未来奠定良好的基础。为此，家长需要明确孩子在这一阶段的成长特点。

一、孩子的眼睛看着成人时，行为已经开始模仿。

虽然孩子从幼儿园开始就接受交通安全教育，但是四年级的孩子或多或少都会有主动或被动地违反交规的经历。比如，乘坐电动车、摩托车必须佩戴头盔，但有些家长不但不提醒孩子戴，甚至孩子提出要戴头盔时，家长也是一副无所谓的样子。又如在实际行驶的过程中，家长缺少耐心或者为了图方便，往往会带着孩子一起闯红灯。如果家长只是偶尔一两次违反交通规则，孩子可能会提醒家长，会感到担心和害怕。但若家长多次且长期违反交通规则，则会误导孩子，还会让孩子跟着家长一样心存侥幸，变得无视规则。当“不怕一万，就怕万一”的“万一”出现时，悲剧就降临了。美国教育家泰曼·约翰逊认为：“成功的家教造就成功的孩子，失败的家教造就失败的孩子。”从这个意义上讲，孩子对规则的敬畏，对交通安全规则的重视与遵守，很大程度上来自家长，更来自正确的家庭教育。

二、需要多样化的安全教育，而不是反复的说教。

家长经常会在孩子出门前反复叮嘱：“孩子，要注意安全啊。”有些孩子会把父母的话记在心里，并坚持把安全放在第一位，而有的孩子会觉得家长啰嗦，于是把家长的话当作耳边风。其实，“安全”这两个字，在家长嘴里是一份牵挂、一种担心，但在孩子脑海里或许就是一个词，代表一种也许不会出现任何差错的状态。事实上，父母说一百遍，不如带着孩子实践、体验一遍，用多种形式进行强化训练。比如，在教育孩子搭乘公共汽车不要拥挤、不要吃带棒的食品、不要把手伸到车窗外等注意事项时，家长可以尝试采取以下措施：①寻找一些相关视频给孩子看，通过具体的例子引起孩子的重视；②带着孩子按规矩搭乘公共汽车，亲身感受遵守规则带来的安全感；③配合学校老师的主题班会，深入浅出地剖析交通安全的重要性；④带着孩子站在安全的地方，以观察者的视角，判断哪些搭乘行为是文明的，哪些是危险的。孩子在经过多样化的教育与训练之后，自身的交通安全意识会得到大幅度的提高。

三、孩子的伙伴也具有一定的教育力量。

孩子在成长的过程中会不断地与各种小伙伴打交道，他们互相影响，进而形成一股独立于老师和家长之外的教育力量，这股力量的影响力不容小觑。俗话说："近朱者赤，近墨者黑。"孩子的小伙伴毕竟年幼，也许不会有太明显的"朱"与"墨"的区别，但孩子交通安全意识的强与弱，往往会受到其所在家庭的教育和所处环境的影响。爱玩是孩子的天性，当几个小伙伴在一起嬉戏玩耍时，有的孩子会放松警惕，很容易做出违反交规的行为；有的孩子安全意识强烈，无论玩得多么开怀，都时刻注意安全，并不断地提醒伙伴们遵守交规。这一股教育力量可能是正向教育，也可能是反向教育。因此，家长既要发挥好正面教育的积极作用，也要避免负面教育对孩子产生的不良影响。

有时候，家长的交通安全意识还不如孩子。经过学校、老师的反复教导，孩子对交通安全有了自己的判断和理解。面对交通安全意识淡薄的家长，孩子也会有许多话要说。下面让我们一起来听一听吧！

1. 开车的时候，请保持情绪稳定！

我的爸爸经常要求我做事沉稳，要沉得住气，不能随便发脾气。可是我发现，爸爸在开车过程中总会因为道路拥挤、有人加塞或是行人穿行等交通状况生气，甚至还会骂人。我坐在车里，既担心又无力，真希望爸爸在开车的时候保持情绪稳定，不做"路怒症患者"。

2. 生命至上，礼让行人。

我们家周末经常自驾郊游，妈妈是一位文明的司机，遇到有斑马线的地方或行人多的路口，她总会停车让行人先走。有一次，我忍不住问妈妈："这里没有摄像头，我们不可以直接开过去吗？"妈妈回答："我们一定要遵守交通规则，这体现出我们对自己以及他人生命的尊重。"那一刻，我明白遵守交通规则不是给摄像头看的，而是对自己和他人负责的重要体现。

3. 姑姑，超载出行是不安全的。

姑姑家的三宝出生后，每次他们一家人骑电动自行车回来看望爷爷奶奶，我都会替他们捏一把汗，因为他们一家五口都坐在同一辆电动自行车上：姑父开车，前面站着两个表妹，后面载着姑姑，表弟则坐在姑姑和姑父中间。有时候姑父还会侧脸和姑姑聊天，一点都不担心的样子。希望姑姑和姑父能重视交通安全这个问题！

交通安全关系千家万户，自觉遵守交通安全就是自觉守护千万家的幸福。孩子是家长遵守交通规则的"影子"。家长珍爱生命，自觉遵守交规，孩子也会追随家长。对于家长而言，无论是作为行人还是驾驶员，都要牢固树立交通安全意识，为孩子做一个珍爱生命、遵守交规的好榜样。

实施指南

自律的人是珍视生命的，因此他们无论是走路还是驾驶，都会时刻牢记交通安全规则。四年级孩子的自律性和规则感都不强，对交通规则的具体要求不够清晰，再加上容易被社会上一些不良的交通习惯影响，一不小心就会违反交通规则。因此，家长要有意识地进行引导，帮助孩子遵守规则，积极把交通安全规则意识融入生命教育之中。

◆ 策略一：与孩子观看交通安全事故的视频或报道。

交通给人们带来便利，但因为有违反交通规则的行为存在，所以相应地潜伏着不同程度的危险。2019年世界卫生组织提供的数据显示，全世界每年约有125万人因道路交通事故导致死亡，相当于全球每天有3500人因交通事故死亡。此外，每年还有几千万人因此受伤或致残。这些血淋淋的事故案例为大家敲响警钟，在给观看者带来震撼的同时，也会引起其深刻的反思、自我对照和纠正，进而达到教育的目的。因此，父母定期与孩子一起学习相关内容，可以起到警醒的作用，从而不断强化孩子的安全意识。只有家长与孩子之间互相监督、提醒，亲子教育才会通畅无阻，最终形成共同遵守交通规则的默契。

◆ 策略二：收集各种交通安全标志或图片，带领孩子参加学校组织的交通安全教育公益活动。

交通安全标志是交管部门用来辅助驾驶员进行合理规范驾驶的一种手段，是实施交通管理以及保证道路交通安全、顺畅的重要措施，是显示交通法规及道路信息的图形符号，它可以使交通法规得到形象、具体、简明的表达，配合管理，指示清晰。在生活中，家长可以与孩子一起收集各种交通安全标志，这样既可以对家长进行强化教育，也可以激发孩子对交通规则的兴趣，加深相关记忆。

每年12月2日是全国交通安全日，学校一般都会开展一些活动以帮助孩子提高交通安全意识。家长可结合此类特殊的日子，配合学校，与孩子一起参加一些有意义的活动，如一起制作交通安全手抄报、做校门口“小小交通协管员”、到广场或菜市对群众进行交通安全公益宣传等。这些活动能帮助孩子站在他人的视角进一步理解交通规则，让孩子重视规则的作用，牢记生命至上的宗旨，逐步树立尊重规则、珍爱生命的理念。

◆ **策略三：与孩子开展一次以交通安全教育为目的的出行。**

俗话说：“光说不练假把式，光练不说傻把式，又说又练真把式。”对孩子进行交通安全教育，需要家人与孩子“又说又练”。安全教育讲了千遍万遍，案例看了千次万次，都不及家长亲自带着孩子践行，毕竟家长才是真正与孩子朝夕相处、影响孩子习惯养成的第一人。家长以身作则，主动带着孩子有目的地外出，并且在外出时严格遵守交通安全法规，通过自己的行动让孩子深刻领会遵守与不遵守交通规则之间的区别。

彬彬爸爸为了帮助彬彬更好地理解交通安全防范要点，强化彬彬的交通安全意识，与彬彬展开一场体验之旅。

为此，彬彬和爸爸一起制定了活动方案，主要包括以下几点。

①活动主题：珍爱生命，遵守交通规则

②体验对象：彬彬、彬彬爸爸

③活动时间：星期六上午

④活动内容：一是寻找违反交通规则的行为；二是讨论该行为的错误原因与改正措施；三是分享活动的心得体会。

制定活动方案后，两人一起从家里出发，步行前往3公里外的公园。一路上，彬彬不仅发现行人有闯红灯、翻越护栏、戴耳机骑行等不良的行为，还发现驾驶员有开车接听电话、不打灯变道等违反交规的行为。

经过观察，彬彬和爸爸都发现在日常生活中有很多人会因为松懈、侥幸的心理而无视交通规则。这之后，彬彬和爸爸约定好：一定要严格遵守交通规则。

在孩子们有限的认知里，“交通安全”四个字更像是一个概念，他们对具体怎么做才会安全、怎么做会造成不良的后果并没有明确的认识。如果父母交通安全意识淡薄，无视交通安全法规，那么孩子的安全意识也不会强，甚至会因此受到伤害。如果家长主动树立重视交通安全的好榜样，用自己的言行帮助孩子增强安全意识，为孩子遵守交规、尊重规则做好表率，并且主动把握教育时机，及时给孩子进行正面的安全教育和引导，那么孩子也会像家长一样珍爱生命、遵纪守法，进而成为一个自律、守规则的人。

珍惜形象
——做公众场合的文明典范

案例分析

英国著名教育家约翰·洛克说：“礼貌是儿童与青年所应该特别小心养成习惯的一种大事。”家长的言传身教对孩子品德的养成至关重要，孩子就像一面镜子，他们的言行复制的不仅仅是父母的言行举止，更是这些言行背后的心境、态度、思维和品格。

案例一：规范养狗的妈妈。

小悦的妈妈喜欢狗，在把小黑狗接回家之前她就办好了养狗证。每天傍晚她都会带着家里的小黑狗到附近的公园溜达，在遛狗的过程中，妈妈坚持拴狗绳，不带小黑狗到不准宠物进入的地方。妈妈用自己的行动告诉小悦一个道理：维护公共文明，需要每一个人的努力。

案例二：不良的示范，错误的导向。

小明在家看电视的时候，总是会把音量调得很大。妈妈提醒小明要把电视的音量调小一些，因为邻居黄奶奶的身体不太好，需要静养，不能影响她休息。小明反驳道："爸爸看电视也总是很大声，凭什么我不可以?"妈妈这才意识到小明被爸爸的不良行为影响到了。

上述案例中的两位家长好像就在我们身边，也许就是我们自己。绝大多数家长都很爱自己的孩子，都会尽自己的努力在物质上满足孩子的需要，而且重视孩子文明礼貌习惯的养成，不让家长自身的不良行为影响孩子。当然，部分家长也会在不经意间给孩子做出错误的示范，让孩子陷入了认识的误区。经过综合分析，我们发现孩子的文明意识主要受以下几个因素的影响。

>>> 1. 家长注重生活细节，给孩子树立良好的榜样。

家长是与孩子最亲密的人，家长的行为在很大程度上会影响孩子的行为。在案例一中，小悦的妈妈为小悦树立了自觉遵守规则、时刻重视公共秩序的良好示范。可见，家长的文明行为让孩子明白每个人都应该注意遵守秩序、维护好自己的公众形象。实际上，家长以身作则，不仅可以为孩子树立良好的榜样，而且可以引导孩子建立文明行为的评判标准，从而更好地规范自身的日常行为。反之，如果家长不注重遵守秩序，秉持"我想怎么做就怎么做"的观念，就会给孩子带来负面的影响。

>>> 2. 孩子缺乏对文明行为的正确认识，容易受到不良示范的影响。

孩子虽然已经接受了文明礼貌的教育，但由于心智发育还不完全，对生活中的不文明行为缺乏正确认识，而且很容易受到不良示范的影响。在案例二中，小明的爸爸在家看电视总是把音量调得很大，并不觉得自己的行为有何不妥。但事实上，这不仅对邻居的生活造成一定影响，而且已经给孩子的成长带来了潜移默化的负面影响，让小明形成了"爸爸可以做的事，我也可以做"的错误观念。其实，当孩子认识到父母的某些行为不够文明时，孩子会尝试提醒或提出建议。这时候，家长如果不重视或不予理会，容易让孩子感觉自己的努力无法得到相应的效果，从而使得孩子放弃努力，在不知不觉中模仿家长的不文明行为。

3. 社会对不文明行为的约束力不强，导致孩子讲文明的主动性不足。

不同的公众场合会有不同的文明公约，如文明旅游、文明上网、文明出行、文明购物、文明观影等，这些都是需要单位、团体与个人共同信守的行为规范。文明公约缺乏有效的约束，大多只依赖于个人的自觉与修养。此外，违反公约的成本并不高。比如，随意攀爬公共场所的树木，可能只会受到管理员的呵斥；无故折断公园里的花草树木，可能只会受到极小额的罚款。虽然个别区域会出现对不文明行为的“硬约束”，但总体来说仍存在执行力不足、不文明行为的成本太低的情况。“花园国家”新加坡一直有着“罚出来的文明”之说。因此，对不文明行为的约束，除了道德谴责，还需要有明确的法律标准。只有这样，公众整体才会有意识地遵守公序良俗、提高文明素质，才能从法律的层面引起孩子对文明行为的重视，从而让孩子在成长过程中主动养成讲文明、树新风的好习惯。

了解孩子

孔子说：“少成若天性，习惯如自然。”四年级正是孩子把良好的文明行为培养到“若天性”“如自然”的好时机，家长要重视这个重要阶段，用自己良好的文明行为，帮助已经具有文明意识、文明判断力的孩子健康成长。为此，家长要对孩子在四年级的成长特点和个性特征具备清晰的认识，这主要包括以下几个方面。

一、注重自己的公众形象，对文明规范有强烈的认同感。

文明规范教育大都需要从娃娃抓起。其实，很多孩子从小就知道自己要做一个有礼貌的人，特别是在公共场合中做一名有素养的人。在这样的意识引领下，大多数孩子在公共场合会注意自己的言行举止，能够清楚地知道什么行为符合规范、不被人讨厌。比如，搭乘交通工具时主动排队，在图书馆等场所不大声喧哗，与人交流控制好音量，在外游玩遵守景区公约，等等。孩子正在慢慢养成一种符合文明社会要求的品质，他们内心对文明规范的认同感让他们时刻谨记要成为一个公众形象良好、被大家喜欢的人。

二、重视家长在公众场合的行为，对家长的文明规范有期盼。

家长都希望孩子能成为自己的“面子”，孩子何尝不期盼家人也能成为他的“面子”呢？在日常生活中，孩子对父母和家里其他长辈的行为是有文明规范要求的。因为随着孩子进入四年级，他们对“荣”和“辱”已经有了一定的判断力。于是，孩子担心自己或家人的不当言行会成为别人的笑柄、被人看不起，从而产生自卑的心理，也会因为自己或家人的不当举止给周围的人带来不愉快或不和谐的感受而产生不安、焦虑等情绪。因此，孩子希望家人的言行举止能符合文明规范的要求。

三、行为不稳定，需要家长用慧眼慧心去发现和引导。

很多成功企业的管理经验可以用六个字概括：“反复抓，抓反复”。事实上，教育同样也需要这样的耐心与恒心。四年级的孩子虽然已经对文明规范有了初步的认识与判断，也有了自己的行为规范准则，但由于受尚未发展完全的神经系统的制约，孩子的自控力较弱，他们想要坚持做好一件事并不容易。此外，孩子的成长环境并非真空状态，他们的言行举止会因为不断受到外部环境的刺激而出现反复的情况。因此，对孩子进行文明规范的引导和训练，家长应做到以下几点：①“周而复始”。家长在面对孩子做得不到位的地方时，需要利用不同的视角、方式反复提醒与强化，让孩子把正确的表现转化为“若天性”“如自然”的状态。②“徐徐图之”。教育不是一蹴而就的，需要循序渐进的引领。面对孩子的不文明行为，特别是“积重难返”的陋习，家长要保持不急躁、不压榨孩子的心态，主动寻找机会，伺机而动、谋定而动，这样既能避免引起孩子反感，又能达到教育的目的。③“躬行实践”。说教和怒吼是最为苍白无力的教育方法。因此，除了以身作则，家长还应带着孩子去看、去做、去感受，让孩子在日常生活和社会实践活动中，不断深化对文明行为规范的认识，并在此基础上反复练习，将文明礼貌从内心向往转化为行为习惯，真正成为拥有良好素养的新时代少年。

有时候，家长在公共场合不会特别注意自己的行为是否文明，但四年级的孩子已经可以对不同的行为做出相应的判断。因为有了判断力，孩子会对发生在自己或家人身上的不文明行为感到羞耻。接下来，让我们一起听听孩子内心的声音吧！

1. 爸爸妈妈，要注意言行举止呀！

爸爸妈妈似乎有不同的模样。不吵不闹时，他们很是甜蜜；但是外出时，他们一言不和又会大吵大闹，引得别人驻足旁观。有一次，邻居大妈对我说："波仔，你爸妈真是够特别的，'开战'时什么话都说得出；'休战'时，又满是甜言蜜语，他俩真是一对活宝。"当听到这，我匆忙地捂住耳朵躲开，装作听不到的样子。

2. 婶婶，请注意旁人的感受。

我们跟婶婶住在同一个院子。平时婶婶很和善，但是当婶婶生气时，她就像变了一个人似的，常常出口成"脏"。有一次，婶婶带我到镇上赶集，被一个青年不小心撞了一下。婶婶立刻就用一连串土脏话骂了人家。顿时，婶婶就成了整条街的焦点，我也尴尬极了。她不仅影响了家人，而且给自己的公众形象带来负面的影响。真希望婶婶能注重文明，多一点包容吧！

在公共场合，许多孩子都可以做到讲文明、守规矩，做得比家长还好。然而，有的家长往往没有意识到不讲文明、不守规矩对孩子的影响，在孩子面前不主动检点自己的言行举止，反而随心所欲，也不在乎孩子是否会效仿这样的不良示范。在讲文明方面，家长有时候应该主动放下姿态，好好向孩子学习。

实施指南

良好的家风是一盏明灯，指引着家的方向；爱惜自身形象，文明待人、礼貌待人的家风似一股清泉，滋润着家人甚至旁人的心田。在注重文明礼貌、维护良好的公众形象方面，父母同样也是一名学习者，需要认真学习，主动反思，并及时改掉自身不良的行为习惯，与孩子一起成长，真正成为一个有修养的、让孩子喜欢的家长。

◆ 策略一："小手拉大手"——了解孩子习得的文明礼仪，亲子共同学习和应用。

随着教育事业不断发展，孩子获得的文明礼仪教育和指导比成人更多，教师和社会各界给他们的文明礼仪指导规范而全面。比如，在文明礼貌用语方面，孩子从小接受的教育就是不说粗口话和脏话，多用"您好""请""早上好""谢谢""对不起""没关系""再见""晚安"等文明语言；在文明行为方面，孩子从小就被教导在与人见面时要主动打招呼，行为举止应大方得体；在公共场合活动时，家长会教育孩子讲究个人卫生和公共卫生，不随地吐痰，不乱扔果皮纸屑；在乘坐公共交通工具时，家长会引导孩子主动给老、弱、病、残、幼、孕妇让座，排队讲顺序以及不在车厢内大声喧哗，等等。

在家庭教育的过程中，家长可以和孩子一起学习和践行社会文明的行为准则。特别是近年来，随着各地创建文明城市热潮的兴起，家长可以主动通过“小手拉大手，文明一起走”等活动，让在学校接受文明教育的孩子担任家长的礼仪老师，帮助家长纠正不文明行为。这时候，家长应放低姿态，以学习的态度与孩子一起巩固礼貌用语等文明知识，让孩子的小手真正带动家长的大手，让文明进入千家万户，用良好的礼仪推进和谐社会的发展。

◆ **策略二：“大手带小手”——用家长的见闻和理性，帮助孩子约束不文明行为。**

曾被称为“悬浮在城市上空的痛”的高空抛物行为，是一种令人厌恶的陋习，这类事件每年都会在不同的地方发生。如果家长能够及早发现孩子乱扔物品的行为并及时制止和教育，引导孩子学会时刻以公共文明准则进行自我约束，那么很多悲剧就可以避免了。

10岁的小明放学后到舅舅家，因家中无人，无法进门，无聊的他对楼道消防柜里的东西很好奇。于是，小明取出手提式干粉灭火器，将灭火器竖直放在公共走廊的窗台上，并先后两次将两个灭火器推到楼下。其中一个灭火器砸中一个正在附近晒被子的老爷爷，导致对方受伤。最后，作为小明的监护人，小明的父母自然只能承担相应的责任，赔偿受害者的各项损失。

看了这个案例，我们不禁深思这件事情会给小明带来什么样的影响。有没有人深挖小明推灭火器下楼时的心理活动及其背后的家教问题？作为监护人，家长在这件事发生前有没有与孩子讨论过在公共场合理应遵守的文明礼仪？事件发生后，两个家庭有没有得到相应的心理疏导？

其实，四年级的孩子对文明的理解更多的是机械记忆。尽管孩子会遵从老师和家长对他们的教育，但这些教育并不一定能触及孩子的心灵。为此，家长需要花费更多的时间和精力，主动向孩子分享自己的人生感悟，并在孩子出现不文明行为时，及时给予正确的教育和有效的引导，让孩子真正理解遵守文明行为准则的意义和重要性。

◆ **策略三："大手小手并排走"——与孩子一起寻找公共场合的文明礼仪。**

做公共场合的文明达人，不能仅限于口头说教，因为说教无法让孩子对文明礼仪印象深刻，更不用说将其转化为内在素养。在实际生活中，家长可以主动与孩子一起到户外走走，寻找公共场合的文明行为和不文明行为。在遇到别人不顾劝阻执意走进仅供观赏的花丛中拍照甚至采摘鲜花的时候，家长可以因势利导，及时教育孩子注意文明出游。家长通过及时与孩子讨论、分辨、评判的方式，可以进一步加深孩子对文明规范的印象，从而引导孩子养成良好的文明习惯。

俗话说："鸟惜羽毛虎惜皮，为人处世惜脸皮。"脸面有时代表着人的信誉，人爱惜自己的脸面，就要珍惜自己的公共形象，文明守礼，守住自己为人处世的原则和底线。总而言之，无论是家长还是孩子，都要争做文明的典范。

延伸拓展

一、阅读推荐

> >> 1.《德国妈妈这样教自律》（著者：赵丽荣；策划：爱立方专家顾问团；出版单位：中国妇女出版社）。

理由及建议：通过学习德式自律教养规则，家长既可以了解德国家庭教育对自律的重视，也可以得到培养自律的孩子、营造自律的家庭氛围的具体方法。通过阅读该书，家长会进一步明白以身作则的重要性，并且可以尝试将书中提到的措施与自身的家庭教育实践结合起来，为孩子树立良好的榜样。

> >> 2.《青少年交通安全常识》(主编：沈斐敏、祝捷；出版单位：海峡文艺出版社)。

理由及建议：安全教育从娃娃抓起。该书内含丰富的科普读物、影音资料，通俗易懂、图文并茂，涵盖了青少年在行路、骑车，以及乘坐公共交通工具时的安全要点。阅读时，家长可以指导孩子通过看图识记的方法，加强孩子对相关交通安全常识的认识。

> >> 3.《现代文明礼仪》(主编：徐俊；副主编：赵猛、范明耀、陈强；出版单位：上海中医药大学出版社)。

理由及建议：本书是系统学习礼仪知识的入门向导和倡导社会礼仪新风的有益读物。通过阅读本书的内容，家长可以结合孩子的性格特点，将书中的文明礼仪知识运用到家庭教育的实践中，与孩子一起成为知礼、懂礼、守礼的人。

二、视频推荐

> >> 警示教育片《孩子，路上小心》

理由及建议：这是由海口交警支队制作的中小学生交通安全警示教育片。视频为我们讲述了发生在校园内外多起真实的交通事故案例，旨在警示家长、学校要尽到看护、照管的职责。通过带领孩子观看该视频，家长能更好地引导学生树立正确的交通安全意识，帮助孩子养成自觉遵守交通规则的好习惯，坚持做到安全文明出行。

评估改进

一、自我评估

您在日常生活中的实际情况与下面列出的表现是否相符？若相符，则选“是”；若不相符，则选“否”。

>>> 测试一：我是一名自律的家长吗？

	是	否
① 您是否认为自己是一个自律的人？	□	□
② 您是否在孩子面前表现得比在别人面前更好？	□	□
③ 在生活中，您是否是一名特别吃苦耐劳的家长？	□	□
④ 您是否觉得自己是一个有很多优点的人？	□	□
⑤ 您是否觉得自己是一个能够主动抵制不良诱惑的人？	□	□
⑥ 您在孩子面前是否能做到不玩游戏、不刷小视频、不追剧？	□	□
⑦ 您是否会要求自己不抽烟，或者不酗酒？	□	□
⑧ 您是否常进出棋牌室、歌舞厅等娱乐场所？	□	□
⑨ 您是否会利用更多的闲暇时间与孩子、亲人在一起？	□	□
⑩ 您是否会坚持锻炼身体，并带动家人一起锻炼？	□	□
⑪ 您的作息时间是否很有规律且符合健康要求？	□	□
⑫ 面对难度较大但又必须做的事情，您是否会坚持做好？	□	□
⑬ 您在完成计划之内的事务时是否需要别人的督促？	□	□
⑭ 您是否会规划自己的收入，并能够合理开支？	□	□
⑮ 您是否会主动亲近具有正能量的人，远离负能量者？	□	□

【评估参考】

以上评估内容，如果您大多数的选择是肯定的，说明您在潜意识里希望自己能成为一名自律的人，在行动上也是一位自律的家长；反之，则说明您还有很大的改进和成长空间。

>>> 测试二：我是一名自觉遵守交规的家长吗？

“车祸猛于虎”，小心谨慎尚且会有飞来横祸，粗心大意则有可能把原本可以避免的事故变成祸害。家长是孩子安全的第一监护人，家长的交通安全意识决定孩子的安全状况。通过完成以下测试，家长可以看看自己存在哪些优点与不足。

是 否

① 您是否认为自己是一个珍惜生命的人? □ □

② 您是否会以身作则，带着孩子一起严格按照交通规则出行? □ □

③ 您是否都能看懂且遵守交通警察的手势? □ □

④ 学校发放的交通安全知识宣传资料，您是否会认真阅读? □ □

⑤ 路边关于交通安全的标语是否会对您有警示作用? □ □

⑥ 您是否能够坚持“喝酒不开车，开车不喝酒”的原则? □ □

⑦ 您是否从不攀越路边或者路中间的栏杆，并教育孩子不攀爬? □ □

⑧ 孩子不到12岁时，您是否坚持不让他骑自行车上路? □ □

⑨ 经过红绿灯时，您是否会严格遵守“红灯停，绿灯行”的规则? □ □

⑩ 您是否会经常提醒孩子不在马路上追逐，不扒车，不拦车? □ □

⑪ 如果孩子想玩轮滑、滑板，您是否会把他带到安全且空旷的地方玩耍? □ □

⑫ 您和孩子搭乘公共汽车、地铁等交通工具时，是否都会排队等候且等车停稳后才上下车? □ □

⑬ 您是否坚持不让12岁以下的孩子坐副驾驶座? □ □

⑭ 您是否经常提醒孩子不要搭乘无证无牌的车辆? □ □

⑮ 无论是电动车还是汽车，在疲惫的状态下，您是否都坚持不开车? □ □

【评估参考】

以上评估内容，如果您大多数的回答是肯定的，说明您是一个珍惜生命、遵守交通规则的人，您也在身体力行地带动孩子、家人一起遵守交通规则；反之，则说明您还需认真学习交通规则，自觉遵守交通规则，为自己和孩子、家人营造一个安全的空间。

>>> 测试三：我是一名注意公众形象的家长吗？

家长的公众形象，一定程度上就是孩子的公众形象。树立且珍惜自身良好的公众形象，需要自律，需要尊重公共场合约定俗成的礼仪。请家长对照测试，审视自己的公众形象。

	是	否
① 您是否认为自己是一个看重别人评价的人？	□	□
② 您是否认同“公众形象包括个人的言行举止、综合素质和自身修养”的观点？	□	□
③ 您是否很希望孩子因为言行得体而被大家认可？	□	□
④ 您是否认同“家人都重视公众形象，并自觉维护良好的形象，家风自然也会好”的观点？	□	□
⑤ 您是否认同“维护个人良好形象，就是维护几千年礼仪之邦的形象”的观点？	□	□
⑥ 您是否能做到不在公众场合大声喧哗，以免影响他人？	□	□
⑦ 您是否会选择在吸烟区吸烟，坚决不在禁烟区吸烟？	□	□
⑧ 外出旅游时，您是否会认真听导游讲解，尊重旅游地的风俗习惯？	□	□
⑨ 出门在外时，您是否会让自己穿戴整齐且显得更加大方得体？	□	□
⑩ 在工作单位，大家都埋头苦干时，您是否能够始终保持安静？	□	□
⑪ 在看电影时，您是否始终坚持做到不戴帽子、不随意站起来、不无故大声讨论？	□	□
⑫ 在剧场看表演时，您是否坚持做到按照指定的位置就座？	□	□
⑬ 对商场等场所里的销售人员，您是否会喊“喂”或者不打招呼就直取商品？	□	□

是 否

⑭ 在旅游观光时，您是否会按顺序排队参观，并且不会乱涂、乱画、乱攀爬？ □ □

⑮ 看到路面有挡路或者有可能让人摔跤的物体，您是否会留下醒目的标识或者主动将相关的障碍物挪开？ □ □

【评估参考】

在上述测试中，如果您的肯定回答多于否定回答，说明您在行动上正朝着珍惜公众形象的文明楷模方向努力，您很注重和珍惜自己的公众形象。在日常的点滴之间维护良好的公众形象，相信您能带着孩子树立好个人、家庭的正面形象。

二、改进计划

亲爱的家长，您好！阅读本专题后，您应该对如何引导孩子学会自律自爱，树立良好的家风有了更深刻的认识。下面请您结合实际，写出自己的改进计划，并逐项完成。

第二专题 独思慎行乐参与

四年级的孩子已经进入人格形成的重要阶段，他们有独立的思想，有对是非、善恶的评判标准，也有很强的自尊心。孩子的自我意识已经在心理活动中占据主导地位。由于学习的知识大量增加，而认知和分辨力并没有达到成熟水平，孩子对于一些事物的看法还不够全面，做事随心情而定，既容易接受劝告或建议，也容易顶撞或反叛。这个阶段的孩子在日常生活中极易受到同伴的影响，因而有时会随大流地做出破坏规则或违反纪律的行为，或是出现磨蹭、拖拉等行为。当面对家长的指责时，孩子常常会对家长说："别人都这么做，我凭什么不行?"

这个时期的孩子表面上是随大流，其实内心希望家长能给予他们正确的指导。对四年级的孩子来说，他们仍然依赖父母和家里的其他长辈，渴望得到家庭的温暖与父母的关注，希望得到父母的尊重与理解。作为家长，我们要对孩子出现的问题进行耐心分析，从而有效地帮助孩子解决问题。

这时候，明智的家长往往会制订合理的家庭规则，通过积极的教育与引导，让孩子清楚哪些需求可以合理地满足，哪些则不能，进而引导孩子养成独立思考、独立解决问题、积极参与生活、自律慎行的好习惯。

独立思考
——让孩子个性健康发展

案例分析

“我家孩子依赖性强，做事不自觉”“孩子不能自觉完成作业，总是拖拖拉拉，也不爱看课外书，懒动脑子，就想看电视、玩手机、出去玩”“孩子没有养成独立自主、勤俭节约的习惯”……在日常生活中，我们常常会听到家长说这样的话。那么，家长该怎么做才能培养出一个独立思考、有个性，又能自觉做事的孩子呢？让我们一起来看以下例子。

案例一：独立思考，独自解决问题。

一天，炫霖妈妈正在做饭，炫霖跑进厨房问妈妈一道有难度的数学题，妈妈让她自己去思考解决，并建议她复习老师讲过的例题和学过的公式，会有办法解决问题的。炫霖听了妈妈的话，拿着本子坐回书桌前，回顾老师讲解的方法，再看书上的例题，绞尽脑汁地思考着，她不断在草稿纸上演算，在一遍又一遍尝试之后，她终于算出了正确结果。炫霖感到十分高兴，因为她通过自己的独立思考成功解决了问题。

经过这件事，她明白做任何事不能总想着依靠别人，要学会自己思考，自己寻找解决的方法，困难自然会迎刃而解。

案例二：不辨真假，易受环境影响。

一天，嘉颖和妹妹闹矛盾，爸爸罚嘉颖读《弟子规》，并让她录在手机里，下班后检查。

嘉颖一边录语音，一边点击抖音，看“黑化家族”的玩法。“黑化家族”是一群学生在网络上述说自己的“经历”。比如，自己成熟，见过世面；被父母虐待而患上了抑郁症；等等。嘉颖没有辨别出内容的真假，在盲目相信之后便被“黑化”了。

嘉颖也把自己包装成一个成熟、孤独、受过伤害、有心理疾病的人，在网上把自己形容得无限悲惨，生活中还要做出一副沾沾自喜的模样。嘉颖的爸爸妈妈虽然察觉到孩子的异常变化，想予以劝说，但是又担心处理方式不当会对孩子产生负面的影响。于是，嘉颖的爸爸妈妈索性就让嘉颖自由发展，使得嘉颖在沉迷“黑化家族”的道路上越走越远。

通过上述两个案例，我们不难发现孩子在独立思考方面存在着很大的差异。因为每一个孩子的成长环境都不一样，所以差异产生的原因也各有不同。因此，我们需要找到孩子的问题所在，对症下药，因材施教，真正地帮助孩子解决问题。结合上述案例，四年级的孩子在独立思考的习惯养成方面主要受到以下几个因素的影响。

> >> 1. 家长心有疑虑，无从下手。

著名心理学家威廉·詹姆斯曾说：“播下一种思想，收获一种行为。”每一个孩子都有自己的思想与行为习惯，家庭教育的关键一点在于让孩子养成独立思考的习惯。看着孩子日渐长大，不少家长内心可能是迷茫的，因为他们能明显感觉到孩子的认知和分辨力有所提高，但又觉得孩子在独立思考这方面的能力还比较欠缺。对此，很多家长心中疑惑万千，无从下手，以致时间就此流逝，孩子也只能在迷茫中长大了。当然，有的家长也采取了一些行动，但是行动或许没有收到良好的效果。比如，在案例二中，嘉颖的爸爸妈妈因心存疑虑而没有对嘉颖的变化进行及时、正确的引导，放任孩子在错误的道路上成长。这是极不可取的。

> >> 2. 家长用心学习，手到擒来。

灵魂要自由，思想要独立，生命要精彩。这既是许多孩子的期盼，也是许多家长培养孩子的目标。随着孩子逐渐长大，他们的个性意识与自尊心不断增强，但是独立思考、解决问题的能力较弱，家长可以通过学习掌握科学的家庭教育方法，寻找解决问题的方式和方法，加强对孩子在独立思考方面的培养和引导。比如，案例一中的炫霖妈妈能鼓励孩子自己想办法解决问题，让孩子体验到独立思考解决问题的快乐。

3. 家长观念守旧，助长依赖。

学会思考是人的一生中最有价值的技能，培养孩子独立思考和判断能力可以让孩子终身受益。但很多家长不明白其中的重要性，往往认为四年级的孩子不会独立思考，不能独立解决问题是正常现象。家长会下意识对比自己小时候的生活，认为即便自己以前不能完全做到独立思考，对现在生活也没有什么影响。因此，家长遇到问题也不会深究原因，认为过去就过去了，想不想都会长大，长大成人就自然会了，树大自然直。在这样守旧观念的影响下，家长错过了孩子习惯养成的重要时期。在这种观念的不断熏陶下，孩子更倾向于依赖父母与长辈，从而变得不愿意独立思考。

4. 家长无力陪伴，无力引导。

培养孩子独立思考能力的同时也要培养孩子的主见性。在特定的社会环境下，孩子的思想必然会受到周围环境的影响。其中，家庭环境会起到重要作用。在现实生活中，很多家长每天早出晚归，既没有时间陪伴孩子，也不知道怎么引导孩子。部分家长自身独立思考的能力不强，做事也没有主见，甚至认为孩子独立思考的能力只能靠孩子自己培养，家长也无能为力。家长的无力陪伴、无力引导最终导致孩子无法养成独立思考的习惯。

孩子独立思考能力的缺失大多与家长的教育观念有关。观念意识既决定了家长的态度，也决定了家长的行动，而行动直接导致了教育的结果。有什么样的观念意识就有什么样的行动，有什么样的行动就有什么样的结果。家长在耐心回答孩子提出的问题时，也要放手让孩子独立完成力所能及的事，让孩子在实践中逐步培养自身的独立性。

了解孩子

进入四年级，孩子从学校学习或其他信息渠道获取了一定的知识，他们在认识世界和认识自我方面有了长足的进步。这时的孩子常常因为偷懒、依赖或是耍小聪明而对家长说：“我不会。”其实，这是孩子为自己不想独立思考、不想独立解决问题寻找的借口。为了帮助孩子养成独立思考的好习惯，家长要明确孩子在这个阶段的主要成长特点。

一、希望得到独立思考与做事的机会。

随着阅读和理解能力的不断增强，孩子们的情感日渐丰富，他们不希望家长对自己的一切过于重视和过度干预，不喜欢家长总是大包大揽，或者将自己保护得太好。家长不让孩子做除课业学习以外的任何事情，不让孩子参与家庭劳动，这些行为实际上剥夺了孩子独立成长的机会。在这个时期，孩子会发表自己的意见，调动自己的思维能力，用合适的方法将自己的想法告诉他人，这都是孩子独立思考能力的重要体现。在日常生活中，孩子不希望什么都按照家长的安排来做，他们更希望可以发表自己的不同意见，对大人的某些看法提出疑问。学习时，孩子的思维很活跃，他们不想被应试教育所束缚。孩子比较反感家长对他们灌输“孩子就要对家长言听计从”的传统教养观念，更希望独立思考并拥有自己的想法。此外，孩子希望在父母的帮助下逐步提高独立思考的能力，还希望父母提供具体的思路和方法，以便进行有针对性的训练与实践。

二、愿意与家长共同探讨问题。

伴随着自我意识的增强，孩子在行为方面开始出现我行我素的苗头。但孩子还是很愿意与家长一起探讨一些问题，希望家长能有足够的耐心倾听他们的想法，并在必要时引导他们认识并解决其中存在的问题。换句话说，孩子希望在自己问为什么的时候，家长能及时地回应，并放下手机耐心地解决孩子提出的问题。家长不要认为孩子在胡搅蛮缠，孩子其实只是不想每天都面对手机或平板电脑自娱自乐而已。这个时期的孩子希望通过讨论满足好奇心和探究的欲望，促使自己对身边的事物形成独立的想法和见解。当孩子有自己的想法和见解时，家长需要耐心倾听并及时回应，这样孩子独立思考的积极性才不会受到打击。在遇到困难的时候，孩子也会愿意主动思考并选择勇往直前，从而独立地解决问题。

三、希望得到家长的接纳与认可。

这个时期的孩子不希望父母过分重视他们的考试成绩，更不希望父母为了好成绩而要求他们养成死记硬背的习惯。其实，孩子更希望培养自己独立思考的能力。在生活中，孩子不希望父母过分包办，这会让孩子没有独立思考的空间、失去自主锻炼的机会。孩子更希望父母接纳和认可他们所做的事情和取得的成绩，肯定他们做事过程中的认真和努力，而不是动不动就斥责、打击，更不希望听到父母说自己“笨”“没用”，因为这种消极的暗示只会让孩子变得自暴自弃，之后遇到问题更不愿意独立思考。

优质的家庭教育应该是尊重孩子的独立人格，鼓励孩子遇事独立思考、独自解决问题，这也是四年级孩子的共同期盼。接下来，我们一起听听孩子们的心声吧。

> >> 1. 请尊重我的想法，好吗？

爸爸妈妈总是把我当作小孩子，认为我还小，什么事情都想为我安排好。可是你们知不知道，我已经是少年了，有自己的想法，也想按照自己的计划做事。比如，我想自己独立完成作业，我不想上自己不喜欢的兴趣班，等等。我是一个拥有独立思考能力的人，请你们尊重我的想法！

2. 请放手让我自己完成自己的事情，可以吗？

在日常生活中，爸爸妈妈对我做的任何事都感到很担心，总是会给我很多建议，或是干脆动手帮我做。你们知道吗？这样会让我养成依赖、懒惰、不爱思考的坏习惯。请你们适时放手，让我自主完成自己的事情吧！不用太担心我，也许我会失败和受伤害，但这就是我的成长过程。

3. 请给我独立思考的空间和时间，行吗？

爸爸妈妈总是对我不够信任，总是在旁边监督我。当我做事时稍微停下来思考，他们就督促我赶紧做，别拖拉。有时候，我思考的时间比较久，他们就认为我又在开小差，便开始责备我。其实，我想对爸爸妈妈说，我希望有自己独立的空间进行思考，也希望有自由的时间做自己喜欢的事情，这样才能让我学会独立思考、自主学习。

随着自我意识不断崛起，四年级的孩子越来越希望自己能独立做事、独立思考并解决问题，享受经过自身努力成功克服困难的喜悦。此外，四年级的孩子已经具备独立思考、解决问题的能力。因此，家长应该尊重并信任孩子，给予孩子自由成长的空间和时间，让孩子在不断地自我探索和发现中成为更好的自己。

实施指南

孩子的成长是一个社会化的过程，他们必然会走出家庭、走向学校、走向社会。孩子会在学校和社会中与人交往，在交往中学习，在交往中成长，并学会逐步独立地承担越来越多的社会责任。家长要有意识地培养孩子独立思考、独立解决问题的习惯，进而树立孩子的信心。为此，家长不妨试试以下几个行动策略。

◆ 策略一：积极参与孩子思考问题的过程。

四年级的孩子已经具备一定的分析和辨别能力。当他们在日常生活中遇到问题，除了会和好伙伴讨论交流，还会选择和家长讨论交流，并希望家长给予及时、有效的帮助。同时，孩子也希望家长能积极引导他们解决问题。因此，当孩子提问的时候，家长应该先耐心地倾听孩子的想法，再与孩子一起讨论哪种方法更能有效解决问题，或是提出解决问题的方法供他们参考和选择，让孩子感受到自己被尊重和重视。

著名儿童教育家陈鹤琴先生曾举过这样一个实例。有一天，一个9岁的孩子问他："竹管里有空气吗?"陈先生没有直接回答，而是拿了一根两头有节儿的竹管，放在水盆中，然后在竹管上钻了一个洞。孩子见一个个小泡儿从洞中冒出，便说道："空气！空气!"如此一来，孩子通过自身的观察得出了答案，显得格外兴奋。

父母作为参与者陪伴孩子探索的行为既可以减少孩子对父母的依赖，还可以让孩子开始尝试通过自己独立思考探究问题。如果孩子绞尽脑汁依旧没有头绪，家长可以稍做提示，对孩子进行有效引导。家长们不要小看这个过程，这可是孩子获得独立思考能力的必经之路。由于四年级的孩子开始有了独立处理事务的意愿，因而父母应该重视对孩子自主思考行为的引导并给予支持。家长如果能经常参与孩子的学习与生活，就能更好地促进孩子提高独立思考、独自解决问题的能力。

◆ **策略二：鼓励孩子在观察中提问，培养主动思考的习惯。**

四年级的孩子依旧对周围的世界充满好奇，心中常常会有很多的疑惑。家长在与孩子交流的时候，可以尝试将引导语由“教孩子”变成“问孩子”。比如，我们可以把“来，我告诉你一个知识”换成“你发现这里的问题了吗”。提问是思维的起点，如果孩子经常以问题为出发点进行思考，思维能力会得到很大提升。学会提问的前提是学会观察，观察会把孩子带进一个问题的世界。在这个世界里，孩子会不断学习如何提问，并努力寻找答案。此时，父母需要对孩子加以鼓励和肯定。

可莹的爸爸有意识地引导孩子遇事自己想办法解决。一次，数学老师布置作业：寻找身边的材料制作平面图形。一开始，可莹打算将易拉罐剪开制作成平面图形，但又感觉这样做有一定的危险性。可莹的爸爸鼓励她再观察，再想想，生活中有哪些物品可以替代易拉罐展开成平面的样子？在思考过后，可莹选择用白纸做了一个圆柱展开图，最后既完成作业，又保证了安全。

由此可见，当孩子遇到困难的时候，家长可以引导孩子联系生活实际积极思考，多在生活中观察，多问为什么。只有这样，孩子才能从生活中了解事物间的联系，从而学会独立思考并解决问题。在孩子不断提问与寻找答案的过程中，独立思考能力会得到很大的锻炼和提高。

◆ **策略三：放手是培养独立能力的开始。**

很多家长十分注重培养孩子“听话”“顺从”，却不注意倾听孩子的意见。小到生活上的事，大到孩子的发展方向，一概由父母决定，孩子缺少自己做决定的机会，这在一定程度上会影响孩子自我决策能力的培养。事实上，自我决策能力也是独立性的一个重要组成部分。家长应该放手让孩子自己做决定，自主地做力所能及的事，让孩子在实践中逐步培养独立性。

有一次，一涵按照网络上的方法制作茶叶蛋，结果发现茶叶蛋太咸了。在查看配方说明之后，她才明白原来这个制作茶叶蛋的配方是北方做法，因而口味更重一些，而南方人的口味偏向清淡，所以在制作茶叶蛋的时候应该适当地减少盐和生抽的比例。

经过本次实践，一涵明白了不同地域的饮食配方存在差异，于是形成了自己的思考。随着家教观念的更新，部分家长不仅会注重培养孩子独立生活和独立思考的能力，也会有意识地培养孩子独立决策和处理问题的能力。经过日常反复练习，孩子自然能逐渐提升独立思考与解决问题的能力。

◆ 策略四：相信孩子，培养克服困难的勇气。

家长在培养孩子独立性的同时，也需要培养孩子克服困难的精神和毅力。以孩子做作业为例，当孩子遇到难题的时候，父母最好不要直接把答案告诉孩子，因为这样会让孩子产生依赖心理，不会自己开动脑筋，久而久之，孩子便缺少了独立思考的能力。因此，当孩子遇到困难时，家长首先应该让孩子自己寻找解决的办法，这个过程不仅能锻炼孩子的自主思考能力，还能让孩子内心充满成就感，使孩子的思维能力也随之提高。

承鹭的妈妈借故外出，让承鹭自己思考并解决数学作业中遇到的难题。经过多次计算和验算，承鹭终于完成了数学作业。这次经历让承鹭明白：凡事都要自己独立思考，不能总是依赖父母，也不能未经主动思考就询问别人，更不能抄袭别人的成果。

承鹭的妈妈借故离开的举动留给孩子独立思考的空间，让孩子有机会尝试独立思考，并获得了成功，真正体会到了学习的乐趣。

有时候，孩子不爱动脑筋是因为父母给予的帮助太多了，虽然父母本意是想让孩子变得更优秀，但也会因此让孩子错失锻炼独立思考能力的机会。因此，在日常生活中，父母应该抓住各种机会，训练孩子的思维能力，激发孩子的好奇心，让孩子自己思考，养成独立思考的习惯。当孩子变得不再“依赖”，也就拥有了克服困难的勇气。

在家庭教育的路上，父母的心在哪里，孩子的成长就在哪里。作为家长，我们一定要注重对孩子独立思考能力的培养。常言道：“父母之爱子，则为之计深远。”真正的爱是给予孩子独立思考和独立生存的能力，让孩子无论何时都能独立地面对并战胜困难，从而获得真正的成长，并最终成为更好的自己。

积极参与
——共享合作的快乐

案例分析

有些家长会发现自己的孩子在家什么也不想干：不主动整理房间，衣服、书柜、衣柜乱七八糟；爱睡懒觉；不注意个人卫生；做事情总是拖拖拉拉……怎样才能培养出一个积极生活、乐观勤劳、与人友好合作的孩子呢？接下来，我们一起看看以下例子。

案例一：积极参与，合作获得成功。

在家里，爸爸经常和可莹一起做各种事情，有时候还会让可莹制订工作计划。因此，可莹很积极做事，也积极参加各种活动。

在一次科学课上，老师让大家用吸管做一座塔桥，再往塔桥上放书，比一比塔桥的承重力。结合自己以往的实践经历，可莹立刻就向组员介绍了自己的想法，大家都很赞同。刚开始行动，问题就来了：正方形的底座不稳固，稍加压力就撑不住了。于是，可莹建议加上三角支架，这一方法当即得到其他组员的认可。大家制作了两个三角支架并连接起来，一座塔桥就完成了。最终，可莹所在小组制作的塔桥是最小巧的，承重力也是最强的——它支撑住了81本科学书的重量，并获得了第一名。

案例二：积极参与，保持好心态。

雨薇爸爸有锻炼的好习惯，每周至少抽出三个晚上的时间用于打羽毛球。在爸爸的影响下，雨薇也养成锻炼的好习惯，她坚持散打训练已经三年了。在训练中遇到困难时，雨薇的爸爸和教练及时给予雨薇肯定和鼓励，并跟雨薇分享了许多小妙招，让雨薇顺利克服了困难，也变得更加自信。通过积极参加各种活动，雨薇体会到了快乐。

在一次散打交流赛上，雨薇刚开始感到很紧张，对手很灵活，上场直接一脚，她还没反应过来就被撂倒。雨薇在第一场比赛中失败了。休息时，爸爸和教练鼓励她稳住心态。到了第二场比赛，雨薇稳定好情绪上场，对方又是脚攻，她稳住心态，并用劲一绊，对方摔倒。比赛结束，打成平局。最后，雨薇认识到积极、乐观的态度和稳定的情绪才能变被动为主动。

看了上述案例，我们不难发现四年级的孩子在情感发展、人际交往、自尊心等方面都比较敏感。这个阶段的孩子乐于接受符合自己意愿的人和事，对不符合自己意愿的事物则会抱着拒绝态度。他们会根据自己的喜好来选择伙伴，喜欢跟自己喜爱的伙伴待在一起。此外，这个阶段的孩子还会出现磨蹭、拖拉的现象，甚至还会出现逆反的行为。不少家长会觉得这个时期的孩子不再像以前那么听话，时常会感到很无奈。经综合分析，四年级孩子参与活动的积极性主要受到以下几个因素的影响。

> >> 1. 父母的教育观念影响孩子积极参与的程度。

孩子需要父母的陪伴和引导，父母需要把孩子视为家庭的小主人，共同参与家庭事务，一起商量、决定。孩子往往会对与父母共同完成的事情更积极，不仅会做得更认真，完成的效率也会相应提高。比如，在案例一中，可莹的爸爸一直与孩子动手实践，尊重孩子的想法和做法，让孩子在实践中成长，并提高了组织和协调的能力，使可莹在学校活动中表现出色。反之，如果家长的态度是随意懒散，无视孩子的需求，没有耐心地陪伴和引导孩子做事，孩子也会养成什么都不想干、自由懒散的习惯。

2. 父母的行为影响孩子参与的态度。

很多时候，父母的言行决定孩子的言行习惯。明智的父母往往会给孩子树立优秀的榜样，孩子也会在父母的影响下养成积极参与、乐于做事的习惯。在案例二中，雨薇的爸爸就给孩子树立了一个很好的榜样，不仅平时鼓励雨薇积极参与活动，而且及时肯定雨薇在过程中所付出的努力，让雨薇成为一个善于接受他人建议、具有积极且平和态度的孩子。可见，孩子的习惯养成需要家长以身作则。倘若家长在家里什么都不做，除了吃吃喝喝就是玩手机，孩子势必会受家长的不良影响，从而养成凡事都不愿意参与、一心只想玩的不良习惯。

3. 家庭是否和谐影响孩子积极参与生活的信心。

充满爱的和谐之家，是父母给孩子一生最珍贵的礼物。如果家人之间互相欣赏、互相认可，守住和谐、留住恩爱，孩子也会从中学会和谐的相处方式，拥有积极平和的心理状态，日后遇到问题时也能坦然面对并独自解决。在这样的环境中成长，孩子自然不会害怕困难，而是能够持续增强积极参与生活的信心。反之，如果家庭成员之间经常争吵、互相指责，父母经常批评孩子、否定孩子，这就很容易导致孩子不会与人友好相处。由于长期得不到认可，孩子做事既提不起兴趣，也害怕因为做错而受到批评、指责，从而失去积极参与生活的信心。

播下一种思想，收获一种行为；播下一种行为，收获一种习惯。很显然，家长的思想观念和行为会影响孩子参与生活的态度和行动。因此，作为家长，我们需要及时更新教育观念，主动激发孩子参与和合作的积极性，让孩子在家长的正确引导下积极参与各项活动，从而成为具有上进心的新时代好少年。

了解孩子

心理学家埃里克森将自我意识的发展分为八个阶段。其中，四年级的孩子正处于“勤奋对自卑”这一阶段。此时，孩子正在接受学校教育。如果能顺利完成课程学习，孩子就会获得自豪感，会更有信心面对未来的独立生活与独自完成工作任务。孩子的勤奋感来自积极参与的过程，而且孩子会在与人友好相处的过程中获得更多的快乐。

如果孩子出现懒懒散散、不积极主动做事，或者做事拖拖拉拉的情况，这在很大程度上与家庭教育有关。为了帮助孩子养成积极参与生活的好习惯，家长要注意以下几点。

一、孩子是否长期受到不良榜样的影响。

家庭是孩子成长的第一环境，是孩子习惯养成的摇篮。如果家长不积极主动参与家务劳动及其他活动，那么孩子也会有样学样。比如，德国法律明确规定：不让孩子做家务，是害而不是爱！孩子如果不愿意参与家务劳动，那么同样也不愿意参与生活的其他方面。尤其在学习上，孩子会出现学习懒懒散散、整天无所事事、对什么都提不起兴趣等令人忧心的行为表现。

二、孩子是否长期处于被家庭“边缘”的状态。

部分家长认为只要孩子学习好，其他都可以不用理会，所以在家中常常为孩子包揽一切，孩子不被要求参与家庭的劳动。即使孩子主动做家务，家长也不会给予肯定和表扬，甚至会说：“你去学习，别来添乱，又做不好。”在这种情况下，孩子的积极性会受到打击。长此以往，孩子可能再也不愿意参与家务劳动。长期得不到肯定和表扬的孩子会渐渐提不起兴趣去做事，极有可能还会失去了对学习的热情。其实，父母这样大包大揽的行为很容易让孩子处于被家庭“边缘”的状态，孩子会觉得自己没有被家长接纳和认可，而没有足够的安全感，自然而然地也不会积极参与生活。

三、孩子是否获得足够的重视。

通常来说，孩子是在接受鼓励和肯定中获得自信的，有自信才会有勇气积极参与各项事情与活动。在日常生活中，许多家长会忽视对孩子的鼓励和肯定。可能是因为太熟悉自己的孩子，也太清楚他的不足之处，一些家长往往只盯着孩子的不足之处，并急于让孩子改掉这些缺点。在孩子做事的过程中，如果家长没有关注孩子做事的态度，而只是关注孩子事情做得好与不好，也没有对孩子的努力进行肯定和鼓励，并且忽视孩子的见解和主张，不允许孩子按照自己的想法和方式做事，那么孩子就会逐渐变得对家庭没有归属感，也没有安全感。久而久之，孩子就失去了积极参与生活的兴趣。

从心理需求的角度来说，孩子在这个年龄段迫切需要足够的安全感与归属感。如果家长能给予孩子足够的安全感与归属感，孩子就会获得积极参与生活的动力。为此，我们一起听听孩子们的心声吧。

1. 我也想参与家里的事情，行吗？

爸爸妈妈，你们知道吗？我也想参与家里的事，不要总是你们为我服务，我也想为你们服务，我想通过做好力所能及的事情体会什么是责任感，从而懂得分担。我希望能经常与你们互动沟通。在家里讨论事情的时候，我也想参与其中，因为我是家里的一员。请你们一定要把我当成一个真正的“家人”来看待，不要总让我游离于家的边缘。

2. 请给我多一点帮助，好吗？

爸爸妈妈，虽然我的能力有所提升，但我还有很多不明白的地方，我在很多方面都还有所欠缺，我希望得到你们的帮助和引导。在日常的学习生活中，我希望你们能给我适当的引导，为我提供解决困难的思路和方法，让我更有勇气面对学习、生活中的困难。只有这样，我才能更好更积极地参与成长道路上的各种活动。

3. 请及时认可我的想法和做法，可以吗？

爸爸妈妈，虽然我已经能独立完成很多事情，但是我对家庭还是特别依赖的，对你们也是特别依恋的，我希望得到你们的肯定、赞扬、鼓励和接纳，希望你们能耐心听我的想法，接纳我的做法。只有得到你们的认可和鼓励，我才会有积极参与各项事务的动力。

四年级孩子的内心依旧对家庭、对父母存在依赖。作为家长，我们只有认真倾听孩子的心声，真正了解孩子的感受与需求，才能更好地陪伴孩子长大。此外，在与孩子一起面对他在学习、生活中遇到的问题时，家长需要与孩子共同分析原因并一起解决，从而成为孩子在成长过程中的精神引领者。

实施指南

在孩子的成长历程中，原生家庭具有很大的影响，如影响孩子未来成为什么样的人、孩子为人处世的方式以及处理问题的态度等。孩子是学着父母的言行长大的，父母是什么样的状态，孩子也会是什么样的状态。在家庭里，父母是积极主动、和睦相处的，孩子也会是遇事积极参与、与他人友好相处的。为了更好地引导孩子养成积极参与的好习惯，家长可以在家庭教育的实践中采用以下几种行动策略。

◆ 策略一：以身作则，做好孩子的榜样。

榜样是具体且形象的，有着强大的说服力和感染力。生动的榜样、活的范例远比单纯的语言内容更容易使孩子信服，并且能产生直接而具体的影响。家长的一言一语、一举一动都会对孩子的成长有着直接而深刻的影响。

榜样可以把抽象的积极主动变得更加具体、形象，可以启发孩子主动按榜样的行为准则行事，让孩子经常用榜样的言行举止对照自己的言行举止，主动改正自己不恰当的行为和自身的缺点。

父母的以身作则是孩子直接学习的良好榜样，父母的行为是孩子行为习惯的重要参照，对孩子积极参与的行为有着重要的影响。

东来的爸爸虽然工作比较忙，但是只要在家就会主动做家务。东来受爸爸的影响，也养成了主动做家务的好习惯。在班级里，他主动为班级做事，主动帮助同学。大家都说："有困难找东来。"渐渐地，东来成为班里最受欢迎的人，多次被评为市级三好学生。

东来的父亲用自己的行动给儿子做出了好的榜样，儿子也在行动中体会到了人生的快乐。

在家庭教育中，身教重于言教。家长与其喋喋不休，不如做出示范，父母要求孩子做到的，自己必须先做到。孩子的成长离不开榜样，他们心中有什么样的榜样，就会成为什么样的人。

◆ 策略二：主动参与，交换身份。

想要培养孩子主动参与生活的意识，需要家长的不懈努力。最简单的方法就是父母做孩子的学生，体现出自己的好学之心、好奇之心与上进之心，让孩子当家长的老师，让孩子过足“教师瘾”，这是对孩子自信心的极大鼓舞，也是鼓励孩子主动参与事务的有效方式。

雅诗的妈妈鼓励雅诗报名参加市级捏彩泥比赛，并和她一起购买彩泥，一起上网找资料学习，一起反复练习。每次练习都是雅诗做评委，评一评妈妈的彩泥捏得如何，雅诗的彩泥捏得如何，各自的优缺点在哪里。雅诗在反复练习和评判中积累经验，最终在比赛中获得第一名。

在上述案例中，雅诗的妈妈让雅诗做评委，不仅让雅诗学会了分析和思考，而且让雅诗感受到和母亲一起捏彩泥的乐趣。而在这次市级比赛中，雅诗开阔了视野，极大地提升自己的能力，并且深刻地明白了积极参与的重要性。

家长如果能深度参与孩子的学习，孩子会更加乐于学习，也乐于参与，因为孩子已经将父母当成了学习路上的“竞争对手”。当孩子过足了“教师瘾”，他在学校上课的时候会更加努力、认真地学习，更积极地参与其中，更积极地在家庭生活中与父母分享自己的收获和进步。

◆ 策略三：坚持肯定和鼓励。

如果孩子和家长之间保持轻松愉快的亲子关系，让孩子的思维时常处于积极向上的状态，那么孩子的世界观、人生观、价值观也会是积极的。细心的家长可能会发现孩子在完成一件事后，会希望得到家长的评价。此时，不管孩子做得如何，家长都应该先肯定孩子积极参与的态度并鼓励他继续坚持。同时，家长不能只用简单的物质奖励鼓励孩子，而应该通过具体而有细节的赞美，让孩子在完成一件事情后获得满足感与成就感。

晓东去老家看望爷爷、奶奶，并和爷爷、奶奶学包饺子，包出的饺子煮了都露馅了，但爷爷肯定晓东积极参与包饺子这件事情的态度，并指出晓东包饺子的方法也是对的，只是没有控制好馅料的量才会导致饺子露馅。在得到爷爷的肯定和鼓励之后，晓东反复练习，最终包出的饺子个个完好漂亮，煮熟也不破皮。

学包饺子这件事引发了晓东的深思，他明白了“生活中有很多事情需要积极参与才能领会其中奥妙”“只有实践才能更好地进步”的道理。

肯定和鼓励会给孩子带来积极的人生态度和不断前进的动力，会让孩子更积极主动、充满自信地做事，会更勇敢地面对生活。对于性格内向的孩子，家长的肯定和鼓励显得尤为重要。孩子会深深地体会到父母对自己的接纳和信任，这种理解会让孩子和家长之间的关系更加和谐融洽，还可以增强孩子的自信心，让孩子有更多积极参与生活的动力。

孩子对学习、生活的积极参与，会使他们产生幸福感，而幸福感会助长孩子的积极性，从而形成良性循环。良好的家庭教育就是激发和调动孩子积极参与的原动力，让孩子积极参与到学习、生活中，并从中获得更多的幸福感。

自律慎行
——做一个阳光少年

案例分析

“我家孩子不会管理时间，做事拖拉，动手能力差”“孩子经常乱花钱，随便买零食”“孩子不爱吃蔬菜，更爱吃零食”“孩子的学习自觉性不足，字迹潦草”……这些类似的话语经常会出现在家长的日常交流中。那么，家长该怎么做才能培养出一个自律慎行、阳光有朝气的孩子呢？

案例一：学会自律自强才能更好地成长。

俐芳妈妈是做小摊生意的，陪伴孩子的时间少，还常常需要孩子协助生意。为了生意上往来方便、收支明确，妈妈给俐芳的微信绑定了银行卡，主要用于家里的日常开支。一想到可以自由上网买东西，俐芳高兴极了。之后的一段时间里，俐芳只要在网上看上什么，就会立马下单，丝毫不心疼。这天，俐芳又准备下单买零食，妈妈立刻制止了她的行为，告诉她两个星期就花了五百多元，不能这么大手大脚地花钱。俐芳看着手机银行卡上的消费记录，羞愧地低下了头。

在与妈妈讨论之后，俐芳下定决心要学会自律自强，即使看到很想买的东西也要控制好自己，自律慎行。

案例二：“失控”会让生活变得糟糕。

禹熹的妈妈是开饮食店的，常常半夜才回到家，禹熹多由外公、外婆照顾。四年级时，禹熹想试一试不学习的结果会是怎样。于是，她开始在家看电视、玩手机，作业一字不写；在学校上课走神、打瞌睡。老师找禹熹谈心，并与禹熹妈妈沟通。了解了禹熹的情况后，禹熹的妈妈生气极了，指着禹熹大骂。禹熹不服气地踢了妈妈的小腿，妈妈气得打了禹熹一巴掌。至此，母女关系越发恶化，禹熹的妈妈为了惩罚禹熹，好几天都不跟禹熹说话，而禹熹却乐得清静，更加无心学习，只顾着玩。

一个学期过去了，禹熹在期末考试中考得很不理想，后悔极了。于是，禹熹告诉自己一定要永远记住此次任性的后果，不要因为自己的错误而失去学习的机会了。

经过对上述案例进行分析，我们发现孩子做事是三思而后行，还是莽撞懒散，与家庭教育有着密不可分的关系。四年级的孩子在自我意识增强的情况下，更想尝试各种新生事物，以此宣告自己长大了，能自己做事，能自己解决问题。但是他们的认知和辨别能力往往还存在偏差，很容易因为我行我素而出错。此时，如果父母能耐心倾听孩子的心声，引导孩子养成自律慎行的好习惯，就不会出现这样随心所欲的现象，也能避免孩子犯错。结合上述案例，孩子的自律慎行习惯养成主要受到以下几个因素的影响。

1. 家长运用恰当的教育方式和方法。

随着个性意识和自尊心的不断增强，孩子希望得到父母的重视与尊重，并且越来越重视面子。这时候，家长需要主动改变对待孩子的态度，通过自主学习、向有经验的人请教等方式寻找科学的教育方式和方法。在生活中，家长需要尊重孩子的想法，多与孩子商量，让孩子感受到父母的尊重和理解。比如，在案例二中，如果禹熹的妈妈一开始就能耐心地倾听孩子的想法，与孩子一起分析其中的利弊，那么孩子是会接受的，也就不会产生如此严重的后果，更不会错失教育的良机。恰当的教育方式和方法才会有助于培养孩子学会自律、慎思慎行的品质。

2. 父母的身教是家庭教育的教材。

进入四年级，孩子有了自己的思考和主见，他们的言行举止在很大程度上都是身边人的影响所致的。如果身边的家长是自律慎行的，孩子也在潜移默化中养成了自律慎行的好习惯。如果身边的家长懒散、莽撞、随心所欲，孩子很容易受其影响，言行与其类似。因此，父母的身教就是孩子言行的活教材。

3. 父母的教育理念是关键因素。

在这个阶段，孩子的自我意识、自控自律、遵守纪律、秩序感等都发生了变化，这些变化常会让他们分不清是与非、对与错，容易对批评他们的人产生不满情绪，从而产生家庭矛盾。当孩子的言行出现问题时，父母的教育理念直接影响教育的导向。如果父母以发展的眼光看待问题，给予孩子耐心的示范和引导，那么孩子就能逐渐养成自律慎行的好习惯。如果家长不能正确看待问题，错误地认为孩子难教而无可救药，而对孩子唠叨打骂，挫伤孩子的自尊心和自信心，那么孩子就有可能因此一蹶不振，破罐破摔，更别说养成自律慎行的好习惯了。因此，父母的教育理念是孩子养成自律慎行的关键。

其实，父母也很希望孩子能自觉做事，能明白是非曲直，能懂得自己安排和处理好自己的事情。为了帮助孩子更好地成长，家长需要有意识地引导孩子养成自律慎行的好习惯。

了解孩子

很多家长对于孩子进入四年级后的行为感觉很苦恼，却不知道孩子自我意识的发展已经进入一个新阶段。因此，缺少这一认识的家长往往会不重视孩子的见解和主张，不允许孩子有自己的想法和做法。强迫的方式非但无益于孩子接受管教，反而会让亲子矛盾冲突不断。经过分析，我们发现四年级的孩子在自律慎行的习惯养成上主要有以下几个特点。

一、常常为自己的不良行为找借口。

随着自尊心的增强，四年级的孩子会非常敏感，注重自我保护，他们会为自己的不良行为找借口，试图通过转移家长注意力的方式为自己的不良行为开脱。当家长指出问题时，孩子会辩解称其他人也是这样的。有时候，孩子还会为了逃避责任而不惜撒谎。此时，父母要严守教育的底线，及时让孩子正视自己的问题，而不是转移到别人身上。

二、缺乏合理计划。

调查显示，进入四年级，很多孩子往往会因为做事缺乏计划性，没有统筹安排好自己要做的事情，从而无法真正地静心做事，效率也相应地受到影响。孩子如果在写作业时想着看电视，在看电视时想着家务还没做，在做家务时想着要锻炼……既不知道对要做的事情进行总体安排，无法了解每件事的步骤，也不知道有些事情可以同时完成，那么他们整日除了忙忙碌碌、紧张不安，并不会有任何进步。如果家长没有引导孩子自主地制订计划，没有指导孩子合理安排做事情的先后顺序，那么孩子的做事效率自然会大大降低，使孩子很难体会到成功的快乐。

三、仍需要及时监督、指导和表扬。

由于自我意识的增强，四年级的孩子常常会表现出我行我素的态度。即使制定了计划，孩子也会随意更改。比如，孩子的计划是六点起床，但当闹钟响时，他们就会再睡一会儿，结果一睡就过头了。又如，明明事先已规定做作业时不能看电视，孩子却说就看一小会儿，结果一看就是一晚上，作业也没按时完成。在面对诸如此类的事情时，如果家长没有及时批评或阻止，那么孩子就会认为计划是可以随时更改的，可以不按照计划行事，进而认为计划是没有用的。当然，有的孩子确实能够按照要求每天按时起床，主动整理书包，而且物品放得很整齐，课本、作业本和工具书分门别类地放好，也能按时完成作业。此时，如果家长没有及时肯定和表扬孩子的优秀表现，那么孩子可能会认为做得到也不过如此，于是难以发自内心地坚持。长此以往，孩子就容易变得懒散甚至会自我放弃。

四、缺乏目标意识，易受到隔代的溺爱。

升入四年级，孩子逐渐喜欢向他人表现出自己优秀的一面，并希望得到认可和称赞。与此同时，孩子对于如何变得优秀这个问题会感到比较迷茫，这是因为孩子缺乏目标意识，缺乏实现目标的方法指导。此时，家长需要通过科学的方法引导孩子发现自身的优势，制订合理的实践计划，确立符合实际的目标。

此外，由于大多数的家长都比较忙碌，所以孩子的日常起居多由家里的老人照顾，而老人容易溺爱孩子，对孩子包办、妥协，使得孩子养成自理能力差、没有责任感、做事磨蹭的坏习惯。

明智的家长往往会制订合理的家庭规则，通过教育和引导让孩子清楚哪些需求可以合理地满足，哪些则不能。只要家长坚持原则、坚守底线，孩子自然会自觉遵守。为此，我们一起听听孩子们的心声吧。

1. 请多陪陪我，行吗？

爸爸妈妈，我也想尽快把事情做好，高效率地学习，快乐地玩耍。但有时候我就是会情不自禁地东摸摸、西摸摸，或者听到电视的声音就想看一看。此时，我希望你们能陪伴在我的身边，而不是只顾看电视、玩手机，或者因为工作太忙碌而把我留在爷爷奶奶身边，我需要你们的陪伴与关爱。

2. 请相信我，好吗？

爸爸妈妈，我不是学习的机器人，我会做好时间的管理。在我学习的时候，你们不要总是进出我的房间，这会让我很难集中注意力。有时候，你们会因为一点小事或一次考试失误，就拿我跟其他孩子比较，或者说我被其他人带坏了……你们总说是为我好，但是你们却不愿意相信我。我真的希望你们给我多一点信任。

3. 请信守承诺，可以吗？

爸爸妈妈，为什么你们之前答应陪我一起外出玩耍，转头却又自顾自地玩手机呢？你们要求我信守承诺，按规矩做事，可你们却随意违反甚至更改规矩，这让我好无奈呀！长期如此，我该如何是好？

四年级的孩子渴望家长的陪伴，渴望家长信守承诺，渴望家长的接纳，渴望家长无条件的爱……作为家长，我们需要努力创造一个和谐、融洽、宽松的家庭环境，让孩子在轻松、愉悦的氛围中更快乐地成长，并在家长的陪伴下逐渐养成自律慎行的好习惯。

实施指南

苹果公司的创始人乔布斯说过："自由从何而来？从自信来，而自信则是从自律来。"自律则自信，自信则自由。乔布斯每天四点起床，九点前把工作做完。正是因为这种极强的自律意识，苹果公司开创了智能手机新时代。俞敏洪也说过："没有自我管理，人生难以变得更好。"然而，对大多数的四年级孩子来说，自律仍是一个"稀缺货"。

作为父母，我们都期待孩子能独立、自主和自律。但是，很多家长常常会在日常生活中抱怨自己的孩子每天写作业必须有大人在旁边看着；周末总是拿着手机或平板电脑一玩就是一整天，上学、睡觉总得在旁边催着……总之，孩子的大事、小事都需要别人监督。其实这都是孩子缺乏自制力、不自律的表现。那么，家长该如何培养孩子自律慎行呢？为此，我们总结了以下几个策略供家长参考。

◆ 策略一：为孩子树立自律慎行的榜样。

父母对孩子有巨大的影响力，父母是什么样的人，孩子也会潜移默化地受到影响。孩子会在与父母的相处过程中有样学样，逐渐成为像父母那样的人。如果父母每天都很自律，按时上下班，回家后操持家务活，还看书学习，多和孩子谈论有意义的事情，那么孩子也会受到父母的好习惯影响，从而学会自觉做事、自觉学习。因此，家长要想让孩子学会自律，就需要为孩子树立自律的好榜样。无论何时，家长都不能放纵自己，而应始终坚持自律，给孩子树立一个好的榜样！毕竟再好的言语教育也抵不过“身教”。

世崧的爸爸因工作要求熟练使用英语，于是他坚持每天早晚各朗读半小时英语。受父亲影响的世崧也制作了自己的学习娱乐安排表，他每天都能自觉地写作业、看书等。自觉自律的世崧经过自己的努力与坚持获得了优秀的成绩，成为了同学们的榜样，每年都被评为“三好学生”。

作为家长，我们需要给孩子树立一个好的学习榜样，并且提供具体的指导。比如，我们可以与孩子一起制订计划，保证计划的可行性；可以督促孩子执行计划，保证计划得以落实；可以及时肯定孩子对计划的落实情况，使孩子不断进步。通过指导孩子对要做的事情进行合理安排，分清事情的轻重缓急，做事情讲究策略，家长自然能帮助孩子逐渐提高学习和做事的效率，从而引导孩子养成自律慎行的好习惯。

◆ 策略二：激发孩子的内在驱动力。

随着自我意识的增强，四年级的孩子往往更乐于接受符合自己意愿的事。如果不符合，孩子则会持抗拒甚至否定的态度。此时，家长想要让孩子养成自律慎行的习惯，就要激发孩子的内在驱动力，让孩子发自内心地认同自律慎行的重要性。为此，在日常生活中，家长需要做好以下几点。

> >> 1. 让孩子自己主导和安排自己的事情。

孩子开始做事情时，父母不要急于对孩子进行控制或指导，而是要试着让孩子自己主导和安排自己需要完成的事。当孩子遇到困难时，家长可以适当地给予孩子指导和帮助。控制与强迫极容易导致孩子产生逆反心理，可能会让孩子在没有旁人监督的时候变得更加放纵。

> >> 2. 营造宽松、和谐的家庭环境。

许多家长把孩子的成长看作是一场比赛，喊着“不能让孩子输在起跑线上”。可事实上，跟别人比是没有止境的。父母要尽量避免制造竞争性的环境，而应该让孩子明白总有人比你优秀，总有人比你幸运，从而引导孩子坦然面对生活中出现的困难与挫折。

我们如果总是让孩子处在竞争的状态中，那么就很容易让孩子带着功利心做事，使得孩子更在乎最后的结果，而忽略做事情的过程，这不利于培养孩子的内驱力。作为家长，我们应该主动给孩子营造宽松、和谐的家庭氛围，引导孩子既注重结果，也重视过程，正确看待成长中的得与失，从而真正学会为自己的未来不断奋斗。

3. 挖掘孩子的兴趣。

每个孩子都会在某一个阶段对某种事物很感兴趣，而这种兴趣刚好就是激发孩子内在驱动力的重要契机。

宏宇特别喜欢汽车，经常阅读各种有关汽车的书籍。只要与汽车有关，他都会认真学习。经过长期的努力与坚持，宏宇熟知市面上各种汽车品牌，并且在爸爸的帮助下参观了汽车工厂，知道汽车组装需要哪些零件和配置，还知道如何辨别二手车。后来，凭借自己丰富的汽车知识，宏宇为想要购买二手车的姑丈提出了不少宝贵的建议。

在宏宇对汽车的探索过程中，我们不难看出热爱和努力的光芒，同时这也彰显了宏宇自主学习的能力，更激发他不断学习的内在驱动力。

其实，当孩子因为感受到乐趣而做一件事的时候，他自然就能发自内心地坚持下去，这可以很好地激发孩子的内在驱动力。如果家长能明白这样的道理，主动尊重孩子的兴趣，及时、有效地鼓励孩子为自己的兴趣而努力，那么孩子会在坚持自己的兴趣中逐渐学会自律，从而拥抱真正的自由。

◆ 策略三：坚持与责任并行。

自律能力本质上是个体内心意愿的一种行为。从孩子自律能力形成过程的心理机制来看，他们会经历下面四个阶段：①外部的影响和要求（他律）；②有选择性地接受外部的影响，而且会把这些外部影响和要求转化为自身内部的道德需要；③在内部道德需要的基础上，形成一定的道德信念；④孩子根据已确立的道德信念对自己的行为加以调节和控制，即在行动中表现出一定的道德自律能力。

在疫情期间，小雅自己在家上网课。她和爸爸一起制定了上网课时间和学习安排表，爸爸每晚都抽时间检查。

上网课时，小雅认真听讲、做好笔记，下课了就读英语、写数学题，再提前预习第二天的上课内容。爸爸每天都认真检查小雅的学习情况，并给予小雅及时的肯定和表扬。小雅每天都得到爸爸的表扬，越做越有劲，学习效率日渐提高，学习效果也有了很大改善。复课后，小雅的学习进步很大，并在期末考试中获得了全A的好成绩。

在上述案例中，小雅的爸爸懂得尊重孩子成长的规律，有针对性地引导孩子利用网课进行学习，让孩子成功地完成由他律向自律的转变。在这个过程中，小雅明白了学习是需要坚持的，学习是她的责任。而爸爸对小雅的监督和鼓励更让小雅在学习、生活中做到了坚持与责任并行。可见，如果家长能引导孩子明白自己的责任，并且能坚持完成自己需要做的事，那么孩子自然在坚持的过程中逐渐养成自律慎行的好习惯。

培养孩子的自律能力，关键在于启发孩子的积极性，发展孩子的自我意识，让孩子自主地审视自己、管理自己、约束自己，并以此调节、控制和支配自己的行为。唯有如此，孩子才能将他律转化为自律，从而在做任何事情的时候都会考虑周全，主动趋利避害，而不会莽撞行事，最终养成遇事自律慎行的好习惯。

延伸拓展

一、阅读推荐

> >> 1.《心理抚养》(著者：李玫瑾；出版单位：上海三联书店)。

理由及建议：心理抚养是一种全新的育儿理念。本书向父母传递了在养育孩子的过程中，心理抚养比物质抚养更加重要的理念。作者认为，心理抚养主要包括情感、性格、观念、能力四个方面。为此，父母必须参与心理抚养的全过程，通过陪伴与关爱让孩子获得依恋感，进而树立管教孩子、“立规矩”的家长权威。通过阅读本书，家长可以更好地把握塑造孩子未来人生的最佳和最关键时期，有目的、有策略地参与孩子的成长。

> >> 2.《让每个孩子都精彩》(著者：卢勤；出版单位：长江文艺出版社)。

理由及建议：作者用简单而朴实的八种智慧的爱，告诉我们要尊重孩子的爱好、赞美他们、言传身教，并有针对性地管教孩子，让孩子做一个有中国情怀、世界眼光的人，发挥孩子最大的潜力，让自己的天性无限发展，尽情释放，成为美好的人。通过阅读本书，家长可以结合孩子成长的特点，对书中介绍的技巧与方法活学活用，不断挖掘孩子身上的“闪光点”，积极地推动孩子的个性发展。

> >> 3.《忙碌爸爸也能做好爸爸》(著者：[澳]布鲁斯·罗宾森；译者：李菲；出版单位：国际文化出版公司)。

理由及建议：为写此书，作者以做研究的严谨态度，访问了超过75位爸爸及其家人。这些爸爸来自社会各阶层，包括水电修理工、白领职员、企业经理、体育明星、宗教人士、国家领导人等。他们与读者一起分享如何照顾孩子、如何在家庭与工作间找到平衡、如何与妻子互相协助、如何与孩子建立起全新的关系……通过阅读本书的内容，父母可以更好地结合自身的实际情况，合理地协调家庭与工作的关系，切实为孩子的健康成长保驾护航。

›› 4.《新父母孕育新世界》(著者：童喜喜；出版单位：电子工业出版社)。

理由及建议：作者以深厚的理论基础、丰富的一线经验，借助文学的笔法记录了具有创新性的家庭教育研究。本书既有理性的思辨，又有经验的总结，描绘出新家庭教育的概貌，为家庭教育拓展了新的思路，为广大家长和家庭教育工作者在当下和未来、现实和理想、理论与行动之间搭建起桥梁。通过阅读本书，家长可以清晰地了解新时代背景下家庭教育的重要变化，并掌握实用性强的家庭教育的新方法。

二、视频推荐

›› 纪录片《盲童高雅的“独自”上学路，从不是孤身一人……》

理由及建议：高雅是哈尔滨特殊教育学校的一名学生。高雅尽管看不见，却能够坚持每天“独自”上下学。386米，96级台阶，她要“独自”走15分钟。然而，她不知道她从不是孤身一人。每一米，每一个台阶，她的妈妈其实都在身边，一步一步地陪她走完。通过观看这部纪录片，孩子会更清晰地感受到父母的爱，有利于促进良好亲子关系的构建。

评估改进

一、自我评估

您家里的实际情况与下面列出的表现是否相符？若相符，则选“是”；若不相符，则选“否”。

	是	否
① 您经常采用讨论的方式与孩子进行交流吗？	□	□

	是	否
② 您经常主动提出问题和孩子一起讨论吗？	□	□
③ 您经常联系实际问题与孩子进行讨论吗？	□	□
④ 您经常直接告诉孩子问题的答案吗？	□	□
⑤ 您经常鼓励孩子发表自己的意见吗？	□	□
⑥ 您经常给孩子讲一些益智故事吗？	□	□
⑦ 您经常和孩子玩一些益智类游戏吗？	□	□
⑧ 您经常允许孩子标新立异吗？	□	□
⑨ 您经常让孩子参与公益事业并进行讨论吗？	□	□
⑩ 您经常注重对孩子表现进行主观评价吗？	□	□
⑪ 您是否让孩子觉得在家里是安全和开心的？	□	□
⑫ 您在家里是否能让孩子畅所欲言？	□	□
⑬ 您在家里是否和孩子一起探讨孩子的未来？	□	□
⑭ 您在家里是否和孩子一起探询孩子想要什么，以及为什么想要？	□	□
⑮ 您在家里是否和孩子有固定的阅读、聊天时间？	□	□
⑯ 您和孩子每周是否有外出亲近自然、游玩的时间？	□	□
⑰ 您和孩子是否有每日运动的习惯？	□	□
⑱ 您在家里常常要求孩子动手做家务吗？	□	□
⑲ 您在家里是否常常肯定孩子做事的态度？	□	□
⑳ 您是否积极参与孩子的活动？	□	□
㉑ 您自己做事是否有计划、有条理？	□	□
㉒ 您是否与孩子一起制订每天的做事计划？	□	□
㉓ 您是否检查督促孩子执行每天的做事计划？	□	□
㉔ 您是否经常把家里收拾得干干净净？	□	□
㉕ 您的孩子每天是否有固定的劳动任务？	□	□

	是	否
㉖ 您的孩子见到父母或长辈是否能主动问好？	□	□
㉗ 您的孩子是否喜欢阅读，并且养成了良好的读书习惯？	□	□
㉘ 您的孩子是否能够自主地完成自己的事情？	□	□
㉙ 您的孩子是否能做到珍惜粮食、勤俭节约？	□	□
㉚ 您的孩子是否有感恩之心，并与他人和睦相处？	□	□

【评估参考】

A. 如果您选择10个以下“是”，说明您急需改变教育观念，并要切实加强对孩子独立自主能力的培养，以便促进孩子健康发展。

B. 如果您选择了10～20个“是”，说明您较为重视对孩子独立自主能力的培养，能有效地引导孩子养成积极参与、自律慎行的好习惯，但仍需要继续努力。

C. 如果您选择了21个及以上“是”，说明您已经具备科学合理的教育观念，并在日常生活中为孩子树立了榜样。孩子在您的精心教育之下，会逐渐成为独立思考、自律慎行的新时代好少年。

二、改进计划

亲爱的家长，您好。阅读本专题后，您应该对如何培养孩子养成独立思考、独立解决问题、积极参与、自律慎行的好习惯有了更全面的了解。下面请您结合实际，写出自己的改进计划，并逐项完成。

第三专题 悦读创新炼意志

四年级的孩子开始从形象思维阶段向抽象思维阶段过渡，他们的阅读量和阅读速度开始提高，阅读面逐渐开阔，他们爱幻想，想象力丰富，有一定的创新意识和能力。但同时，四年级的孩子辨别是非的能力相当有限，而且缺乏社会交往经验，这使得他们在学习和生活中经常会遇到很多自己难以解决的问题，面对困难时往往又缺乏坚定的意志力，一旦问题得不到解决，他们便会产生各种不安和焦躁的情绪。

因此，在这个关键时期，家长要及时对孩子进行正确的教育和引导，鼓励孩子遇事善动脑、勤思考，做一个有想法、有主见、勇于面对困难的人。同时，家长还应该陪伴和引导孩子多阅读、多积累，扩大眼界，帮助孩子顺利度过这个关键的时期，逐步引导孩子提高自身的综合能力，让孩子实现一次具有人生意义的转折，进而帮助孩子踏上成功的人生之路。

在本专题中，我们将从“锤炼意志——让目标离孩子更近”“创新思维——让孩子做一个有思想的人”“坚持阅读——让阅读成为一种习惯”三个方面进行阐述，旨在帮助家长更有效地培养孩子坚强的意志，同时不断激发孩子的创新思维，并正确引导孩子养成良好的阅读习惯，让孩子真正体会成长的快乐。

锤炼意志

——让目标离孩子更近

案例分析

一位母亲写给女儿的信

佳佳：

你好！这是你参加夏令营的第八天，首先妈妈祝贺你战胜困难，成功坚守阵地。短短八天，我们像等待了一年。

第一天，妈妈在微信群里看见你的小身板背着大行李包，眉头紧皱，小脸蛋憋得通红，妈妈十分心疼。晚上九点，你来电吐槽各种不适：床铺得自己整理、衣服得自己洗、六个人挤一个宿舍、没有自己喜欢吃的菜……佳佳，妈妈虽然非常担心你，但还是希望你能调整自己，适应新生活，融入新集体，遇到困难要自己想办法解决。

接着，连续两个晚上你打电话来哭诉并埋怨夏令营的生活，爸爸、妈妈只能安慰并开导你战胜自己，克服困难，调整好情绪，多和新朋友聊天，或读一读自己喜爱的书籍，也可以把自己看到的、学到的、思考的画下来，回来的时候当作礼物送给爸爸、妈妈。其实，在你挂断电话后，妈妈的心一直揪着放不下来。

第四天，你不再吐槽埋怨，也不再哽咽哭泣，而是告诉妈妈，你适应夏令营的生活了，虽然训练很累，一到晚上就想家，但你喜欢上新伙伴和新教官了，也觉得夏令营的活动挺有趣的，你觉得之前的困难是为了磨炼你的意志。

第五天、第六天，没有接到你的电话，爸爸不停地猜想你的情况，而我通过微信群看到了积极协助教官训练的你、开怀大笑的你、带着渴求知识目光的你、帮助小伙伴的你、安静画画的你……这个时候，妈妈知道，经历了这几天，你已经战胜了最初的自己。

就在昨晚，你再次打来电话，开心地告诉我们，你今天学到了技能，认识了新同学，并且和他们成为了好朋友，也读了好几本书，最开心的是你当上了小队长。此外，在你的带领下，你们小队表现优异，得到了教官的表扬！最后，你还让我和爸爸放心，因为你在夏令营挺开心的，很多事情能自己解决。听到这些话，爸爸、妈妈开心极了，我们都觉得佳佳长大了！

孩子，爸爸、妈妈要告诉你，只要你能以积极、乐观的心态面对人生，不畏难、不退缩，勇于挑战，你一定能将人生过得丰富多彩！

爸爸、妈妈希望你在夏令营过得充实、有趣，也希望归来之后，我们能看到你的坚定和奋发向上。

晚安！

爱你的妈妈

2021 年 7 月 20 日

我们常说的意志力实际上是控制自我行为的能力。意志力的强弱，是一个人能否战胜困难的关键。由于受年龄特点、兴趣不稳定、缺乏自信等因素的影响，这一阶段的大多数孩子都会在做某件事情的过程中因遇到困难而半途停止。我们常常会听到这样的抱怨：我孩子喊着要学钢琴，练了几天，就放弃了；我家孩子学英文，记单词记到一半，觉得太枯燥最后还是放弃了；让他写作业，题目太难，不愿意思考，最后放弃……这样的孩子不管做什么都容易半途而废，很难坚持到底，导致许多本可以学到的本事也因为孩子的放弃而丧失，这也是令无数家长头疼的问题。结合上述案例，要想让孩子面对问题迎难而上、敢于直面挫折，养成做事有头有尾的好习惯，家长就需要做到以下几点。

1. 重视对孩子意志力的培养。

从小就被不断磨炼意志力的孩子往往能充满干劲地做事。遇到困难时，孩子也不退缩，而是有始有终地做好每一件事。同时，意志坚强的孩子往往也能与家庭成员保持亲密的关系。然而，很多家长由于受到“望子成龙，望女成凤”思想的影响，习惯性地把全部的心血和精力都放在抓孩子的学习成绩和特长教育、智力培养上，把分数和名次看得高于一切，对孩子成长中非智力因素的作用缺乏正确的认识，不注意对孩子进行意志品质的教育。因此，由于父母没有在孩子的儿童时期注意培养其意志力，故而孩子也难以成为一个意志坚强的青少年。

2. 父母做事要具有原则性。

孩子意志力薄弱与家长的教育方式有很大关系。一般情况下，孩子大都会对自己感兴趣的东西抱有强烈的占有欲望。因此，孩子在很多情况下会要求父母满足自己的欲望。大部分的孩子在自己提出的要求得不到满足时，往往会采取哭闹或赌气的方法，以逼迫家长就范。很多家长在拒绝孩子要求的时候并未坚持到底，而是当孩子哭闹时，为了省事而选择妥协并满足孩子的要求，这样必然会弱化孩子的意志力。

3. 父母自己要有较强的意志力。

家长本就是孩子模仿的第一对象，家长的一言一行都会在不知不觉中影响着孩子。如果家长做事拖拉，遇上困难绕着走，经常抱有侥幸心理，在工作和生活中缺乏奋斗精神，那么孩子在父母的影响下也难以成为一个意志坚强的人。比如，家长让孩子早点睡觉，告诉孩子要早睡早起，但是当孩子躺在床上准备睡觉时，家长却拿起手机开始玩，这让孩子会产生“为什么父母不早睡早起，却要求我这样做”的困惑，并开始效仿父母的做法，养成不良的生活习惯。

4. 父母多鼓励和引导孩子。

在成长的过程中，孩子不可避免地会遇上很多自己解决不了的问题。这个时候，父母需要给予孩子耐心的引导和教育。即使孩子做得不对，家长也要给予孩子鼓励，让孩子有信心克服所遇到的困难。当孩子遇到困难想要放弃的时候，父母应该有方法地以积极的语言引导孩子勇敢面对并克服困难，同时鼓励孩子及时调整情绪，坚持做事有头有尾，不要因为同情孩子或担心孩子受到伤害而让孩子做事半途而废。

了解孩子

四年级的孩子处在儿童期的后期阶段，这一时期也是小学教育从低年级向高年级过渡的重要阶段。这时候，孩子的生理和心理会出现明显的变化，这就成为家长培养孩子意志力的好时期。作为家长，我们应充分了解这个年龄段孩子的主要特点，以便在教育孩子的过程中因材施教。经过综合分析，我们发现这个年龄段的孩子主要有以下特点。

一、好胜心强，但又害怕遭遇失败。

四年级的孩子会有一些比较有个性的想法，对很多事情往往有较强的好胜心。然而，这个时期的孩子在生活和学习中经常会因为遇到自己难以解决的问题而感到不安、不知所措。这个时候，父母需要给予孩子正确的引导帮助孩子度过困难期，从而增强孩子的自信心。

此外，四年级的孩子也常常由于缺乏自信，总觉得自己能力不足，习惯寻求他人的帮助，自己不敢做决定，容易变得优柔寡断。有时候，孩子还会习惯置身于从属地位，遇到事情喜欢依赖父母、老师或同学，总希望他人能为自己做出决定，不敢独自承担相关的责任和结果。面对孩子的这种想法，家长可以鼓励孩子通过借助第三方的力量，及时解决成长中的难题，让孩子肯定和正视自身的能力，从而有效地帮助孩子增强自信心，真正感受到人生的乐趣。

二、不想父母包办太多，但又害怕自己能力不足。

四年级的孩子主见性有所增强，很多事情想自己尝试独立完成。现在大多数孩子是独生子女，全家人都对孩子宠爱有加。因此，在培养孩子的意志力方面，很多家长不忍心孩子受苦受累，不愿让孩子遭遇任何挫折，从而出现过度保护、过度包办的现象。这容易让孩子一遇到稍难的事就会怀疑自己的能力，使孩子无法成为具有坚定意志的人。

从豆豆记事起，每次豆豆双脚沾满泥浆从外面回来时，妈妈都会给他换鞋袜，但是只给孩子穿上一只袜子、一只鞋后就走开了。豆豆只好笨拙地按照妈妈的做法学着自己穿袜穿鞋。在其他事情上，豆豆的妈妈也尽量只做一半，留一半给孩子做。原来，这是豆豆妈妈独创的家庭劳动教育法，就是不管做什么事情，只为孩子做一半，另一半则由孩子独立完成，既不完全包办孩子的事情，又让孩子通过实践看到自己的能力。经过长期的坚持，豆豆逐渐学会了很多同龄孩子不具备的技能。现在，上了四年级的豆豆无论是在生活上还是在学习上，遇事大多能自己应对，并且能积极主动地完成力所能及的家务，这让豆豆的妈妈感到很欣慰。

随着年龄的增长，孩子的道德感、责任感、集体荣誉感及各种技能也会进一步发展。因此，作为家长，我们要抓住培养孩子意志力的关键时期，为提高孩子的独立性与专注性提前做好规划。

三、希望得到父母的引导、激励和陪伴。

因为待在父母的身边，所以大多数的孩子在生活和学习中遇到困难时，他们会第一时间向父母求助，希望父母能立即给出建议或直接帮助他们解决难题。一旦父母不在身边，孩子便会手足无措，甚至难以适应，逐渐变得怯懦。在这种情况下，孩子希望父母通过多种方式给予更多的引导和激励，勇敢地闯过人生的关卡，并在一次次闯关中顺利成长。

可见，这个年龄段的孩子在心里依然渴求父母的引导和激励。在得到父母的正确引导和激励后，孩子内在的各种潜能就会被激发。然而，四年级孩子的独立性和自我调节能力始终有限，容易出现激动和不安的情绪。因此，面对这个阶段的孩子，父母应当给予足够的重视，给予孩子正确的引导，从而真正锤炼孩子的意志力。

大千世界，纷繁杂乱，孩子终有一天要自己独立面对社会、面对他人。在父母眼里，孩子或许只是一个孩童，但其实他们小小的心里也装着大大的世界。作为父母，我们应多听听孩子的心声，了解他们内心的真实想法。

1. 适当尊重我的好奇心，可以吗?

爸爸妈妈，我对这个世界充满了好奇和探知的欲望。但当我提出问题或尝试做某件事时，你们总是制止我，甚至用言语嘲讽我，这让我很受打击。或许我的问题太过幼稚，或许我要尝试做的事情有风险，但我还是希望你们能和我一起解开心中的谜团，更希望在你们的引导下尝试某些新鲜的事物。这样的要求并不高，不是吗?

2. 适当放手让我学会自我管理，行吗?

爸爸妈妈，由于你们对我的精心呵护，我养成了懒惰的坏习惯。比如，我认为家务活就应该是大人做的，因而从不会主动帮忙；我的书包都是你们帮收拾的，一旦书包乱了我从不会自己整理；就连平常参加秋游活动和公益活动的时候，我也会忍不住想要听你们的建议。可是，我想跟其他同学一样，自己安排学习和生活。我已经四年级了，请你们放手让我学着管理自己，好吗?

孩子在成长的过程中会遇到各种状况。如果父母只是一味地呵护孩子，为孩子铺就一条平坦的成长大道，让孩子沉溺于暂时的幸福，那么一旦走进纷繁复杂的社会，温室里长大的孩子就会难以应付各种恶劣的环境。同样，在冷言冷语或暴力环境下长大的孩子心里不免缺乏阳光和爱，并容易在成长的道路上走向极端。

因此，在实际的家庭教育过程中，作为家长，我们需要正确认识并分析孩子的成长特点，主动结合孩子的实际，给予孩子应有的引导和激励，帮助孩子正视自己、发现自己、超越自己，从而让孩子在人生实践中培养坚强的意志力。

实施指南

在孩子的成长过程中，家长是孩子最好的老师，并且对孩子的发展具有不可替代的作用和影响。对于四年级的孩子，父母既要鼓励他们勇于尝试和挑战自己感兴趣的事情，也要在他们遇到困难或产生畏难情绪而想退缩的时候，给予更多的鼓励与引导，与孩子共同寻找解决问题的方法，让孩子有足够的勇气，而不是总想方设法地包办，或者把问题或困难留给孩子，让孩子陷入无助的境地。为此，家长可以尝试使用以下行动策略指导自己在家庭教育中的实践。

◆ 策略一：引导孩子确立符合自身实际的目标。

孩子心中有目标，行动才会有动力。在孩子努力的过程中，每一个小目标的完成对他们来说都是很大的鼓励，而自信则是孩子们努力完成任务的前提。在学习的过程中，丧失自信心将导致孩子求知欲减退或消失。相反，如果孩子能够不断看到自己的努力变成实际成果，那么他们就会获得十足的成就感和自信心，从而主动激励自己挑战新的目标。

然而，在现实中，由于受到父母的过度干预，不少孩子没有明确而科学的目标，今天学钢琴，明天学跳舞，后天学画画，最后什么都没学好。这种“三天打鱼，两天晒网”式的学习往往会对意志力的培养产生负面的影响。因此，家长应该根据孩子的心理特点，通过多种方式帮助孩子确立合适的、具有激励作用的行为目标，并给予孩子适当的鼓励、支持和引导，让孩子更加坚定地朝着既定的目标努力。

◆ 策略二：给予孩子适时的激励和表扬。

当孩子在独立活动中通过自己的努力付出而取得一定的成绩时，家长要适时、适度地给予孩子应有的赞赏和肯定。父母慈爱的微笑、疼爱的抚摸、殷切的目光、亲切的话语，会给孩子极大的鼓舞，让孩子更有信心和勇气面对未来的困难和挫折，从而获得更好的成长。当孩子经过努力依然没能完成任务时，家长不应该一味地批评、指责，而应该帮助孩子查找并分析原因，让孩子在家长的协助和引导下继续完成相应的任务，从而增强孩子的自信心。

彤彤是一个乖巧、听话的四年级孩子。有一次，彤彤看见妈妈在扫地，她便根据自己平时的观察，主动把拖把沾湿后帮着妈妈干家务。看到这个举动，妈妈高兴地表扬了彤彤："彤彤真能干，能帮妈妈干活了！"从那以后，彤彤经常帮忙做力所能及的事，爸爸、妈妈也会及时地用多种方式表扬彤彤，这让彤彤感觉自己在家庭生活中发挥了重要作用，便事事积极肯干。如今，彤彤不仅是父母的好帮手，而且成为了老师的好帮手。

作为家长，我们可以向彤彤的妈妈学习，给予孩子适时的鼓励和肯定，让孩子感受到家长的关爱和重视，从而增强孩子的自信心。只有这样，孩子才能获得更多的正能量，并不断激励自己勇往直前，进而在成长的过程中逐渐形成乐于助人的好品质。

◆ 策略三：注重引导孩子加强体育锻炼。

科学、合理的体育锻炼能让孩子在德、智、体、美、劳等诸多方面得到全面发展，使孩子的体格协调发展，对孩子的心理发展也会产生重要的影响。作为家长，我们需要注重孩子的体育锻炼，不断增强孩子的身体素质。一般来说，具有健康体魄的人往往具有较为坚强的意志。

从林林六岁起，爸爸在每天吃完晚饭后都带林林绕着家旁边的公园小道骑一圈自行车。刚开始的时候，林林骑不到一半便喊累，吵着要回家。于是，爸爸便停下来耐心地鼓励林林休息一会儿再继续骑，并且告诉他：只要经过30盏路灯，我们就可以回到家了。在爸爸的鼓励下，林林骑一会儿，休息一会儿，不知不觉就完成一圈的骑行。渐渐地，林林长大了，不再满足于跟爸爸骑自行车。接着，爸爸便带着林林一起跑步、打球、游泳、登山……经常性的体育锻炼让林林长得又高又结实，上课从来不犯困，学习成绩优秀，还积极参加学校组织的各类比赛，并获得很不错的名次，这不仅极大地提升了林林的身体素质，而且有效地锻炼了林林的意志，更增强了林林对未来的信心。

对四年级的孩子来说，他们的意志力并不坚定，容易受到外界因素的影响。这时候，孩子往往容易被困难击败。当孩子出现这种情况时，家长可以向林林的爸爸学习，和孩子约定一起做某些事情，给予孩子应有的引导和鼓励，从而帮助孩子不断在实践中锻炼自身的意志力。

◆ 策略四：给孩子创造独立做事的机会。

在日常生活中，父母应尽量让孩子独立完成一些活动或任务，如自行整理房间等简单的家务劳动。当孩子成功地独立完成事情时，他会感受到成功的喜悦，也会获得了独立做事的能力。经过不断坚持，孩子自然会增强战胜困难的勇气和信心。

因此，作为家长，我们可以从孩子懂事的时候起，积极引导孩子自主地完成一定的家务，让孩子知道自己也是家庭的一分子，体会生活的不易，从而更加懂得体谅父母，养成主动分担责任的好习惯。

为了培养孩子的意志力，家长需要教会孩子主动坦然面对成长中的困难和挫折，在失败面前不言退缩，在胜利面前不止步伐。此外，家长还要给予孩子适时的鼓励和肯定，注重加强孩子的体育锻炼，通过多种方式不断增强孩子的自信心，让孩子战胜困难和挫折的同时更快地成长，从而拥有坚强的意志力。

创新思维
——让孩子做一个有思想的人

案例分析

对话一：循循善诱，激发求知欲。

儿子："爸爸，很多科学家都说百慕大海底有干扰信号的磁场，甚至可能还有消失的亚特兰蒂斯国。你相信这些吗？"

父亲："噢，是这样吗？如果是你的话，你打算怎样求证这些猜想呢？"

儿子："我想我可以用海底望远镜！"

父亲："哦？居然还有海底望远镜？我好像都没有听说过。但听起来，这是一个超酷的点子！你快给爸爸说说我们怎么能在海底使用望远镜？"

儿子："这种望远镜发出的光能穿透海底，一下子就能把百慕大的海底照亮了！"

父亲："嗯，听上去挺有道理呢！那这种光一定非常厉害！那除了望远镜，还想凑近点看的话怎么办？"

儿子："派机器人去！"

父亲："嗯嗯，你这个主意不错，而且现在已经在研究水下机器人了呢！"（此时，父亲趁机把之前在电视新闻上见过的水下机器人、水母机器人等与儿子一一回顾）

父亲："那万一机器人被海底的大鱼当作食物吞掉了怎么办？还怎么勘察？"

儿子："那就给机器人做很多的角，角上全是满满的尖刺，头上也是刺，全身就跟刺猬一样。这样机器人在水底下就没有动物敢靠近它了。"

父亲："嗯嗯，对呀，这样一来你的机器人就不怕被吞掉了。但是，机器人也得传递信号啊，万一机器人接近某片海域没有信号了，那可怎么办?”

儿子:“不会的，我这个机器人不是用普通的方式传递信号，是特殊的信号……什么样的特殊信号呢?我还一时半会说不清楚……说不定我们人类能把它弄清楚，就能把这个问题解决了。”

对话二：缺乏耐心，打击好奇心。

儿子:“爸爸，我可以问你一个问题吗?”

父亲:“嗯，赶紧说，我还有事儿要忙呢!”

儿子:“爸爸，你说鱼有可能像鸟儿那样在天上飞吗?”

父亲:“开玩笑，这是根本不能的。”

儿子:“如果哪天鱼也长翅膀了，是不是就能飞上天了?”

父亲:“不可能，鱼怎么可能长出翅膀来呢?它天生就是在水里游的动物。你别整天瞎想。”

儿子:“说不定哪天科学家们研究出新的技术，让鱼儿长出大翅膀来呢?因为现在科技发展很快，很多以前认为不可能的事情现在都已经实现了。”

父亲:“你脑瓜子一天天在想什么?这么不着边际的事儿也能想出来。虽然科技发展快，但是让鱼儿长出翅膀来的那种技术永远不会有，鱼儿离开水是活不了的!”

儿子:“可是我在看电影《大鱼海棠》时，发现鱼儿后来长了大翅膀。说不定以后科学家们会在这个方面专门研究，到时培育出一种全新的鱼，既长有翅膀，离开了水也能活着。”

父亲:“瞎扯，那是电影，全是虚构的。你有那么多时间想这些，还不如多读几遍英语单词!儿子，你这纯粹是浪费时间。”

儿子:“但是我还是觉得……”

父亲:“别胡思乱想了，你的任务是专心学习。爸爸还有事情要忙，你自己抓紧完成老师布置的作业吧。”

在上述案例中，两对父子的对话反映了当前大部分家长面对孩子的提问时普遍存在的几种对立现象。

1. 积极态度和消极态度的对立。

当孩子向家长提问时，一部分家长采取积极的态度，逐步引导孩子发散思维，勇敢说出自己的想法，让孩子的探索精神不断得到激发。而另外一部分家长则在孩子发问时，采取了比较消极的态度，对孩子的种种提问表现出不耐烦的态度，甚至嘲笑孩子的想法，使孩子的好奇心受到严重打击，从而让孩子失去了培养创新思维的主动性。

2. 认真思考回答和敷衍了事的对立。

父母本身的修养和对孩子使用的教养方法会影响孩子创造力的发展。采取民主型教养方式的家庭，父母往往能尊重孩子的想法，会认真思考，并回答孩子提出的问题，同时给予正确的引导，促进孩子创新思维的发展；而在专制型、支配型、娇宠型等教养方式的家庭中，父母往往会认为孩子提出的问题过于幼稚，因而对于孩子的发问往往选择逃避或是敷衍了事，这极不利于孩子创新意识的培养和创新思维的发展。

3. 一步到位和循循善诱的对立。

当孩子因产生强烈的好奇心而发问时，部分家长为求省事，一般敷衍了事，只会一步到位地向孩子说明来龙去脉，这既不利于培养孩子的发散思维，也会扼杀孩子的个性和创造性。而有的家长在面对孩子提问或表达看法时，则会主动放下手头的事情，做出认真倾听孩子说话的姿态，即用目光注视孩子，用点头和微笑鼓励他，并且用语言表达对问题的兴趣，如“这个问题很有意思”“那你给我仔细讲讲吧”“那你认为结果会怎样”“你认为变成这样的现象是什么原因”等。这样既会让孩子感受到父母对他的重视，也会让孩子在父母的引导下开动脑筋思考问题，从而不断激发孩子的创新力。

作为家长，我们应适当满足孩子的好奇心，引导孩子多思考、多提问，从而不断提高探索未知的能力。如果孩子提出的问题比较简单，家长可以让孩子先通过自主的思考寻找答案，不要立即给孩子提供答案，同时指导孩子有层次地发问、思考，找到问题的答案，以此不断激发孩子的创新力。提问是激发探索意识、产生创新能力的基础，家长不应该局限于从提出问题开始到得出结论结束，而应该从提出问题到发现新的问题。如此循环往复，孩子自然就会在不断成长中进入一个探索、发现、创造的自主学习的新境界。

了解孩子

随着大脑发育的成熟，四年级孩子的思维发展水平正快速地由具体形象思维向抽象逻辑思维过渡，这是一个由量变到质变的飞跃过程。随着注意力的目的性不断增强，内在动机逐渐成为四年级孩子的学习动力，但外在激励仍然是孩子学习的重要动力。此外，这时候，孩子的理解能力、思维能力和表达能力快速发展，逻辑和抽象思维能力也开始增强。因此，这一时期应是培养孩子独立思考、善于思考的重要阶段。经过综合分析，我们发现四年级的孩子主要有以下几个方面的特点。

一、渴望更多的外来激励。

如果外来激励运用恰当，孩子的潜能将会得到较好的激发。有的家长能够认识到培养孩子善于思考和提问能力的重要性，也会关注孩子思维的敏捷性和灵活性。因此，在平时教育孩子的过程中，这些家长会适当利用多种激励方式，注重培养孩子思维的创造性和发散性。

小瑶是刚转学进入四年级（1）班的一名女孩。自从父母离异，小瑶的学习成绩出现极大的倒退，小瑶的性格也变得自卑、孤僻，让班里的同学难以靠近。为了帮助小瑶，班主任决定进行家访。在和小瑶的妈妈交谈后，班主任了解了小瑶的情况，于是制订了相应的计划，如考试先考及格、指定某个同学帮扶小瑶、让同学们主动找小瑶玩等。每当小瑶进步一点，班主任和小瑶的妈妈都会及时跟她进行沟通交流，并给予她表扬和激励。慢慢地，小瑶开朗起来了，成绩也一点一点地进步，最后成功地融入了四（1）班的大集体。

四年级的孩子心里通常有了自己的小世界。他们渴望与外面的“世界”交流，但是受到种种因素，如内向、不善表达、成绩不好等因素的影响，他们没有勇气主动与人交流。因此，面对这样的孩子，家长需要与老师保持密切的沟通，主动反馈孩子的情况，对孩子进行鼓励，帮助孩子重拾对成长的信心，让孩子学会以更积极、乐观的态度融入新集体、新环境。

二、希望想法得到肯定。

进入四年级，很多孩子有了自己独特的想法。这时候，他们对这个世界的很多人和事充满好奇心和强烈的探索欲望，希望能与父母、老师或同学分享内心与众不同的想法，并且渴望得到尊重、肯定和帮助。

四年级的孩子会拥有较强的好奇心，会展现出强烈的求知欲，所以会出现急切地想要知道答案的情况。值得注意的是，这个阶段的孩子还具有强烈的表现欲，迫切地想展现他们已知而其他同学未知的知识。但孩子很可能没有意识到要在合适的时间、地点进行提问或发表观点。面对这样的孩子，老师和家长不能一味地批评或表扬，而应主动与孩子沟通，对孩子正确的想法及时给予肯定，同时引导他们学会尊重别人。

三、渴求有独立解决问题的机会。

随着自我意识的崛起，四年级的孩子不希望父母过多地干涉自己的生活，也不会完全听从父母的安排。很多时候，孩子更想尝试按照自己的理解和思考完成某些“实验”。即使最后失败了，孩子也希望得到爸爸、妈妈的耐心教导和鼓励，而不是一味地包办或嘲讽。

“乖，听话！”
“这个你不会，还是爸爸来吧！”
“你别异想天开种啥花了，养不活的！”
“不要自己倒水，小心烫手！”

“别乱拖地，妈妈来，你拖不干净的！”

“这些衣服你别洗，会弄湿身子的！”

“你管好自己的学习就行了，其他事你就别操心了！”

……

这些是一直在小楠耳边回响的语句。小楠的每一次新尝试都会被父母拒绝。即使上了四年级，父母还是要求小楠只管好学习就行，其他一概不用管，这使得小楠甚至不会洗自己的袜子。每当听到同学们大声宣扬自己又学会的新技能时，小楠就会感觉很迷茫、自卑，找不到前进的方向和动力。

四年级的孩子有很强的主动性，往往想要主动尝试没做过事情。然而，有的家长却总以孩子年龄太小为由，不让孩子尝试做力所能及的事，甚至认为只要孩子学习好就行，其他方面都不重要，这种想法明显是错误的。因此，面对这个阶段的孩子，家长不妨试着放手，在保证安全的前提下让孩子在不断探索中发现并认识自我，提高孩子参与实践的能力。

在家庭教育过程中，为了更好地促进孩子的成长，家长要耐心倾听孩子的心声，并结合孩子的实际，采用适当的教育方法，为孩子的健康成长增添动力。

〉》 1. 请允许我做简单的选择好吗？

爸爸妈妈，我也是家里的成员之一，也想拥有自主选择的权利，如今天晚餐吃什么食物、晚餐后想读什么书、周末去哪里玩等。这些看似简单的选择或许能让我独立地思考，我不希望所有的事情都由你们决定，我真的希望你们能给我思考和自主选择的机会，或许我的想法和做法会超出你们的期待。

>>> 2. 多带我观察、探索自然，可以吗？

爸爸妈妈，每到周末或假日，你们总是说平时工作太累了，只想在家里休息。可我更希望你们能充分利用这些休息时间，陪我出去走走，到大自然呼吸新鲜空气，探索一下大自然的各种奥秘，或者到各种场合参加活动，接触更多新鲜事物，这会让我不断开阔视野，增长见识。

>>> 3. 请不要把我“圈养”起来，可以吗？

爸爸妈妈，或许你们是为了让我获得更大的进步，才让我在课余时间参加各种活动；或许你们担心我会在游戏里受伤，才会把我“圈”起来保护。但我害怕一旦离开了你们的“圈”，我就不懂得如何应对不可预期的社会环境。因此，请你们先让我试着走出“圈”外，给我主动尝试和接触新鲜事物的机会，或许这样的“放养”能给你们带来不一样的惊喜。

四年级的孩子需要和世界接触，需要探索世界。因此，家长应该主动放手，给予孩子自主尝试和接触的机会，让孩子真正拥有独立思考、独自探索未知的能力。这样既能让孩子享受到童年的快乐，也能让孩子的探索意识和创新思维在充满挑战的生活中得到培养。

实施指南

四年级孩子的求知欲非常旺盛，对周围的人和事都表现出强烈的兴趣。四年级正是孩子的生理和心理发生转折的重要时期。在这个时期，家长尝试采取以下行动策略，及时对孩子的创新能力进行培养，让孩子在家长的正确引导下获得全面的发展。

◆ 策略一：精心呵护孩子的探索热情。

在孩子眼中，大千世界充满着神奇的乐趣，无数个“为什么”等着他们发现、探索。在这种对周围世界万事万物的好奇心驱使下，孩子具有想要探索一切的心理，没见过的想看看，没经历过的想尝试。孩子的探索精神是其思维积极主动的标志。在这样的精神引导下，孩子会不断认识世界，并在探索世界的过程中有效地激发自身的创新力。因此，家长要及时抓住机会，引导孩子不断发现、探求新事物，注重保护和培养孩子的探索精神。

◆ 策略二：主动创造富有创新力的成长环境。

父母是孩子的第一任老师，父母的言行举止都影响着孩子。在成长过程中，孩子会效仿父母做事的态度和方法。因此，父母要在孩子面前树立热爱创新的形象，给孩子传达乐于创新的态度，从而培养出具有创新能力的孩子。父母要创造宽松、和谐、平等的家庭环境，用优秀的现代教育理念指导孩子的成长，同时给予孩子充分的自由，鼓励孩子尝试有难度的事情，让孩子有发挥创造性的空间。总之，在孩子的成长过程中，家长要积极鼓励和引导孩子多思考、多创新，让孩子的创新思维得以发展。

◆ **策略三：恰当地开发孩子的创新力。**

创新力的开发不能限于条条框框。家长应当让孩子充分发挥其主动性，引导孩子由浅入深地探索未知。对于孩子的种种提问，家长最好不要立即给出固定答案，而应当在给予孩子参考建议的前提下，让孩子自己动手或思考。如果家长每一次都用固定答案限制孩子，那么孩子的创新力便会在无形中一次次地被扼杀在摇篮里。

世间没有一个完美的孩子，也没有完美的家长。家长只有在孩子成长的过程中善于捕捉孩子的闪光点，给孩子创造更多成长锻炼的机会，并且不断地总结、反思、更新自己的教育理念，寻找适合孩子身心健康发展的教育方法，才能有效地促进孩子的成长，让孩子拥有一个美好的未来。

坚持阅读
——让阅读成为一种习惯

案例分析

坚持阅读让自己变得更优秀

响响从小就和爷爷、奶奶在乡下生活，到了上小学的年龄，才回到城里与父母一起生活。进入小学后，响响发现身边的同学能言善辩，自己根本听不懂同学们谈论的话题，总感觉自己与周围的人聊不到一块儿，于是开始变得内向，既不主动交朋友，也不愿在课堂上发言。在与老师交流后，妈妈决定带着响响一起阅读书籍，希望从培养阅读兴趣开始改变响响。此后，妈妈每周坚持带响响到图书馆借书，晚上不管多忙都抽时间和响响进行共读、分享。在妈妈的引领下，响响阅读了大量的书籍。在阅读中遇到经典语句，响响会按照妈妈的指点及时做好笔记。进入了四年级，响响养成了爱读书的好习惯。

阅读让原本内向的响响变得开朗和自信！现在，响响的作文时常会被选为范文在课堂上朗读。响响也变得积极、向上、热情、开朗，老师和同学们都喜欢她。在这个过程中，响响的妈妈也有很多收获。与响响一起坚持阅读后，妈妈也学到了不少知识，及时更新了自己在家庭教育和社会交际方面的理念。为了让更多家长和孩子受益，响响的妈妈还主动在社区组织“悦读”书友会，鼓励家长和孩子一起进步、共同成长，为响响树立了坚持阅读的好榜样。

在上述案例中，响响之所以能从原来的不愿说话、不主动交友，到后来逐渐变得开朗和自信，主要是因为响响的妈妈做到了以下几点。

1. 重视对孩子阅读习惯的培养。

通常来说，什么样的土壤就会培育什么样的花朵。如果父母本身就不喜爱阅读，家里没有任何藏书，那么生活在这样一个没有阅读氛围的家庭，孩子也会变得不喜爱阅读。只有家长认识到阅读的重要性，并且能一直坚持陪伴孩子阅读，孩子才会在家长的正确引导下逐渐养成良好的阅读习惯。这不仅能让孩子从阅读中受益，而且可以让父母在经常性的阅读中及时更新自己的教育理念。案例中响响的妈妈就做到了这一点。

2. 坚持进行亲子阅读。

亲子阅读不仅是促进孩子智力发展的一把钥匙，更是加强亲子关系的法宝。优秀孩子的养成离不开父母的坚持和良好示范。亲子共读能够拉近父母和孩子之间的距离，是能让孩子感到幸福的良好契机。美国诗人史斯兰克曾说：“你或许拥有无限的财富，一箱箱的珠宝与一柜柜的黄金。但你永远不会比我富有，因为我有一位读书给我听的妈妈！”在案例中，响响的妈妈每天都会抽时间与响响进行阅读和分享，响响得到了正面的影响，并养成了坚持阅读的好习惯。由此可见，亲子共读不仅能促进家长与孩子和谐、友善关系的构建，而且能增强孩子的自信心，帮助孩子拓宽视野、增长见闻。

3. 以身作则，为孩子树立坚持阅读的榜样。

在家庭教育过程中，父母依然是四年级孩子习惯形成的重要参照和有利推手。在培养孩子的阅读兴趣时，家长要以身作则，主动在家庭生活中为孩子营造良好的阅读氛围，引导孩子把阅读变成习惯性的行为。在案例中，响响的妈妈除了坚持亲子共读，还主动在社区举行阅读分享会，让响响看到了妈妈的努力与坚持，给响响树立了良好的阅读榜样，对响响养成坚持阅读的好习惯产生了积极的影响。

想要让孩子养成良好的阅读习惯，家长必须以身作则，并且从小帮助孩子树立坚持阅读的意识，积极陪伴孩子共同阅读，让孩子真正从阅读中受益，从而获得更好的成长。

了解孩子

随着思想的成熟和经历的丰富，四年级的孩子逐渐褪去稚气的一面，他们的学习自觉性、主动性有所增强，学习能力也随着身心的发育得到不断提高，这为四年级孩子的发展和进步创造了良好的条件。因此，为了更有效地帮助和培养孩子，家长应着重关注孩子在这个时期的发展变化，主要体现在以下几个方面。

一、开始从被动学习向主动学习转变。

四年级是孩子从低年级走向高年级的过渡期。在学习中，孩子开始从被动向主动转变。此外，孩子心理和能力的发展也会出现比较明显的分化现象。这时候，家长的引导是否得当，是孩子能否拥有积极人生态度的重要因素。

进入四年级，孩子通常会产生较为强烈的阅读兴趣，也开始懂得找时间进行阅读，不需要父母一而再、再而三地监督和催促。然而，这个年龄段的孩子还不能坚持阅读，容易在遇到阅读困难时出现半途而废的现象。因此，面对这个阶段的孩子，父母需要及时表扬孩子的阅读主动性，并给予孩子正确的引导，帮助孩子把对阅读的喜爱变成一种坚持，最终成为一种习惯。

二、对父母老师不让阅读的书籍反而更感兴趣。

孩子因为好奇或受到其他因素的影响，会隐瞒父母翻看一些并不适合这个年龄段孩子阅读的书籍。这些书籍大多包涵了暴力、黄色等不良信息，严重影响孩子的身心健康。遇到这种情况，家长们用“堵”不如用“疏”。家长做出诸如没收书籍甚至撕书、毁书的行为只会激起孩子更强烈的逆反心理，使亲子关系变得疏远。此时，父母们需要多角度思考，并且让老师帮忙留意孩子的情况，及时给予孩子正确的引导和教育。当然，家长还可以先通过谈心主动了解孩子内心深处的想法，再根据孩子的实际情况给予孩子必要而科学的指导。

总之，家长应该在家庭教育的过程中主动向孩子传达正确的理念，让孩子懂得哪些书籍才是真正健康的书籍，从而引导孩子做出正确的选择。

三、阅读兴趣广泛，但不爱读父母买的书。

大多数孩子之所以喜欢阅读，是因为能从书中探知这个多彩的世界。为了给孩子营造良好的阅读氛围，不少家长在买书这件事儿上也从不吝惜钱财，从厚厚的名著到专家、老师推荐的各类书籍。只要是给孩子的书，家长大多会毫不犹豫地购买。但实际上，家长费心费力买回来的众多书籍并没有对孩子产生应有的吸引力，反而使孩子对父母购买的书变得反感。面对浩如烟海的书籍，部分家长还是欠缺“发现好书”的能力。

其实，对四年级的孩子来说，他们的阅读兴趣是广泛的。有的孩子喜欢阅读绘本、童话书、简短的故事书，有的对物理、地理、历史等学科更感兴趣，有的甚至喜欢阅读一些让他们似懂非懂的青春读物或者网络文学。对于孩子感兴趣的书籍，家长可以给予合理的支持，而不是一味地为孩子选择所谓的“名著”。毕竟并不是所有的知名读物都适合四年级的孩子。

通常来说，阅读不仅能开阔孩子的视野，提高孩子的语言能力，培养孩子的专注力，而且能让孩子的内心世界更丰富，更容易让孩子成为自己心灵的主人，让孩子变得通情达理。但是，孩子在阅读方面也有自己独特的需求，家长应该主动听听孩子的真实想法。

1. 我想自己选择书籍，可以吗？

爸爸妈妈，我已经读四年级了，我希望能自己挑选书籍。但是每到这个时候，你们总是说“你不懂的，还是爸爸、妈妈帮你选吧”“你选的这些书不好，爸爸妈妈帮你选的书才有阅读价值”。可是，你们越是这样，我越是反感，越容易产生抵触情绪。即使你们不顾及我的想法帮我选了其他书籍，我也会因为赌气而不喜欢看。请尊重一下我的想法和选择！

2. 我想阅读身边小伙伴所喜欢的书，行吗？

爸爸妈妈，我更想阅读小伙伴喜欢的读物，还喜欢与同伴交换儿童读物，这能让我和伙伴们一起交流各种看法。我希望爸爸妈妈能允许我经常邀请我的好朋友到家里一起读书，或者在家里举办家庭联合读书会，让我和我的好朋友们有机会阅读更多的好书，从而帮助我们增长见识。

3. 我想一个人安静读书、思考，可以吗？

爸爸妈妈，我现在比较喜欢一个人待在房间阅读喜欢的书刊。请你们不要一直偷偷地监督我有没有在看书，甚至随意进入我的房间查看我正在阅读的书籍。你们的这种做法会让我心情很糟糕，也很有压力。其实，我更渴望有一个能让我安静读书、思考的小世界。

四年级的孩子开始阅读一些内容较多、情节较丰富的书籍，并且会在阅读的过程中留意和关注故事的情节。阅读完一本书后，孩子大多能从大体上把握整篇故事的发展脉络，并在之后寻找相应系列的书籍进行阅读。作为家长，我们需要尊重孩子的想法，帮助孩子养成良好的阅读习惯，这样既可以让孩子积累丰富的知识、形成良好的语感，也能让孩子学会理解、鉴赏各类作品，并且从中明白为人处世的哲理，从而让孩子通过阅读受到文学气息的熏陶，促进孩子的个性化发展。

实施指南

进入四年级，孩子都比较喜欢阅读课外书籍，并尝试从书中学到很多他们不懂的知识和道理。但除了图书，孩子获取知识的渠道还有很多，孩子往往难以一直将阅读坚持下去。为此，家长可以通过以下行动策略帮助孩子将阅读变成一种习惯，不断丰富孩子的情感体验。

◆ 策略一：给孩子创造合适的阅读环境。

为了培养孩子良好的阅读习惯，家长需要给孩子创造一个适合阅读的环境。对于有条件的家庭，家长可以专门为孩子准备一间书房，供孩子阅读和学习。对于普通的家庭，家长也要为孩子创造适合学习与阅读的空间，让孩子在相对独立的空间专心阅读。

在装修房子时，苗苗的父母专门给她准备了一间“苗苗书房”。在苗苗还很小的时候，父母就经常把苗苗带进书房，和她一起做翻书、摸书的动作。苗苗稍大一点后，苗苗的父母便翻开绘本，给苗苗逐一讲解，带着苗苗阅读。等苗苗能自己阅读的时候，苗苗的父母便带上自己喜欢的书籍，和苗苗一起进入书房安静地阅读。爸爸、妈妈和苗苗约定，进入“苗苗书房”后，大家只能做与阅读、学习相关的事情。同时，爸爸、妈妈还和苗苗一起定期整理书房，创造了一个干净整洁、明亮舒适的阅读环境。现在，上了四年级的苗苗要是哪天没进入书房读书、学习，就会感到很不习惯。

由此可见，孩子的阅读习惯需要从小培养，而良好的阅读环境对培养孩子的阅读习惯更有着不可替代的作用。总之，一个良好安静的阅读环境能有效激发孩子的阅读兴趣。因此，无论家庭条件如何，家长都应主动给孩子创造适合阅读的环境。

◆ 策略二：用阅读日记培养孩子的阅读兴趣。

为了鼓励孩子养成坚持阅读的良好习惯，家长不妨和孩子一起做阅读日记。通过认真记录每天的阅读成果，孩子可以及时巩固逐渐形成的阅读习惯，并且学会反思与总结，不断提高自身的理解能力。比如，家长可以让孩子从当天阅读的书籍中选出一些精美的文章、片段，并抄写在阅读日记上，同时写下一两句阅读感受。每隔一段时间，父母可以和孩子一起翻看阅读日记，让孩子获得成就感的同时，也不断增强对阅读的兴趣。这样既可以充分调动孩子的阅读积极性，也可以让孩子逐渐养成坚持读书、善于反思与总结的好习惯。

◆ 策略三：用达成小目标的游戏激励孩子坚持阅读。

在家庭教育的过程中，家长可以与孩子一起制订游戏规划，让孩子拥有“通过跳一跳就能摘到‘桃子’”的成就感，让游戏规则成为一种激励，从而让孩子主动按照目标完成既定的任务。在孩子达成一定的目标后，家长主动给予孩子奖励，激励孩子继续完成下一阶段的目标任务。

我的目标我完成

家长与孩子一起设计“目标完成”记录表（自评、家长评），分“优秀、良好、合格、还需努力”四个等级。家长可以根据孩子每周确定的阅读目标及完成情况进行评价，同时给予孩子适当的奖励和必要的引导。此游戏旨在帮助孩子养成坚持完成任务、成功达到既定目标的良好习惯。

合理的游戏规则和目标不仅会帮助孩子养成阅读的良好习惯，而且会让孩子感受到游戏所带来的快乐，同时让孩子从阅读中收获更多的知识和道理，可谓一举多得。作为家长，我们要主动给孩子创造舒适的阅读环境，并且科学、合理地引导孩子养成坚持阅读的好习惯，让孩子真正懂得读好书、好读书，发自内心地爱上阅读！

延伸拓展

阅读推荐

为了帮助家长有效地引导孩子在小学阶段养成爱读书的好习惯，让孩子拥有更加坚定的意志，我们挑选了以下书籍，希望家长能从中受到一定的启发。

》》 1.《父母成熟了，孩子就成才》(著者:［美］李玲瑶、孙爽；出版单位：清华大学出版社)。

理由及建议：明智的父母通常能主动为孩子营造一个和谐、温馨的家庭氛围。通过阅读书中的第九章，家长可以学习如何提升孩子的智商、如何让孩子学着承受磨难、如何鼓励孩子在屡屡受挫的情况下调整期望值等，这对磨炼孩子意志力具有较好的借鉴作用。

》》 2.《和孩子一起成长的那些事：一位作家的教子笔记》(著者：邱德军；出版单位：中国经济出版社)。

理由及建议：这是一本既有教育意义，又有较好实践操作性的图书。通过阅读书中的第一章，家长可以学习如何对待善于提问的孩子、如何正确面对孩子的各种发问以及如何与孩子一起解决问题等，这对培养孩子的创新思维，引导孩子养成会思考、善思考的习惯有一定的帮助作用。

》》 3.《我用阅读教育孩子》(著者：周璐；出版单位：中信出版社)。

理由及建议：作者在书中用真实的案例剖析了阅读的神奇效果，以优秀少年作为榜样有效地增强了家长对孩子进行阅读教育的信心，解决家长迫在眉睫的教育焦虑。通过阅读此书，家长可以获得解决孩子成长中的性格养成、情商与财商的培养，乃至感情问题的有效办法，给自身的家庭教育带来全新的思路。

评估改进

一、自我评估

您家里的实际情况与下面列出的表现是否相符？若相符，则选

“是”；若不相符，则选“否”。其中，选择“是”，计2分；选择“否”，计0分。

	是	否
① 您是否能在孩子的不同年龄阶段与孩子一起制订他在该阶段的成长目标？	□	□
② 孩子是否经常能坚持做完某件事情？	□	□
③ 在遇到困难的时候，孩子是否会自己想办法解决或者向您及他人寻求帮助？	□	□
④ 您是否经常让您的孩子独立完成各种任务？	□	□
⑤ 您是否经常激励和表扬您的孩子？	□	□
⑥ 在孩子因遇到困难而想退缩的时候，您是否给予孩子帮助并鼓励他克服困难？	□	□
⑦ 在孩子因不合理要求得不到满足而哭闹时，您是否能耐心与孩子沟通直至双方达成一致的意见？	□	□
⑧ 您是否经常陪伴孩子一起做些户外运动，如跑步、骑车、登山等？	□	□
⑨ 您的孩子是否会经常问你各种各样的问题？	□	□
⑩ 当孩子对某个事情刨根问底时，您是否有足够的耐心与孩子进行交流？	□	□
⑪ 您是否会时常肯定和支持孩子提出的建议或看法？	□	□
⑫ 当孩子提出各种问题时，您是否会先引导孩子进行有针对性的思考，再给出标准答案？	□	□
⑬ 在家里，您是否经常给孩子提供实践的机会？	□	□
⑭ 您平时是否经常陪伴孩子进行广泛阅读？	□	□
⑮ 您是否经常鼓励孩子参加丰富多彩的课外活动？	□	□
⑯ 您是否经常给孩子提供自由发挥的时间和空间？	□	□
⑰ 您的孩子是否喜欢阅读？	□	□
⑱ 您是否经常督促孩子进行课外阅读？	□	□

	是	否
⑲ 您是否经常和孩子到书店共同挑选合适阅读的书籍?	□	□
⑳ 您的孩子是否会经常和您交流课外阅读的体会?	□	□
㉑ 您是否会和孩子一起看他喜欢的课外书?	□	□
㉒ 您和孩子是否习惯一起做阅读剪报，及时收集阅读中的好句、好段?	□	□

【评估参考】

A. 若您的得分为0～12分，说明您的孩子缺乏意志力，遇到困难难以坚持到底。您对孩子创造力的培养并不重视，很少甚至没有制造过培养孩子创造力的机会。您和孩子没有养成阅读习惯，孩子不喜欢阅读。

B. 若您的得分为14～24分，说明您的孩子具有一定的意志力。您能意识到培养孩子创造力的重要性，但孩子的创造力还未得到最充分的挖掘，还需要您针对实际存在问题进行改进。您和孩子有一定的阅读意识，但还没有形成良好的阅读习惯。

C. 若您的得分为26～44分，说明您的孩子意志力很坚强，任何人、任何情形都不会使你们改变主意。您还是一个既重视培养孩子创造力又懂得如何培养孩子创造力的优秀父母。您和孩子均喜欢阅读并互相分享交流，家庭阅读氛围非常好。

二、改进计划

亲爱的家长，您好。阅读本专题后，您应该对如何引导孩子成为有想法、有主见、遇上困难能勇于面对的人有了更深刻的认识。下面请您结合实际，写出自己的改进计划，并逐项完成。

四年级下册

第四专题 沟通接纳善体谅

友善可以让人以善意的眼光看待彼此的差异，充分尊重他人的观点和行为习惯，并让人在成员之间产生分歧时，能够互相理解、谦让。友善作为社会主义核心价值观的重要组成部分，是社会成员和谐共处，团结互助的纽带。

友善是形成和谐人际关系的首要条件。但孩子的友善品格不是一朝一夕形成的，是在孩子从小所受的教育和生活环境中逐渐形成的。家庭是友善教育的重要教育场所，家长们要引导孩子与老师、同学、朋友、家人建立友善和睦的关系，帮助孩子养成心存善念、友善待人的良好品格，懂得谦让、感恩，做事有自己的行为准则。下面，我们就一起来探讨，父母应该怎样在家庭教育中对孩子进行友善教育，构建友善的人际关系，与孩子一起把友善传递给周围的人，与孩子一同成长。

学会表达
——会表达才能更好地沟通

父母常常认为青少年的烦恼来自学习压力。其实，孩子的困扰与压力，也来自家长、同学、朋友的人际关系。而这些关系的核心问题往往是沟通。沟通主要是通过语言表达来实现的。沟通是打开孩子心扉的一把钥匙，沉默是锁住孩子心门的一把锁。学会表达和沟通，是家长和孩子的必修课。

案例分析

案例一：命令式沟通，亲子冲突频频。

丁丁：爸爸，我上一天课了，我想看会儿电视，这会儿正在播动画片。

爸爸：你已经玩了半小时了，赶紧写作业！

丁丁：我就看一会儿行吗？

爸爸：不行！

丁丁（大声地）：我就是要看！

爸爸：你总是这样拖着不想写作业，这样不只你的成绩会下降，你的眼睛也会瞎的。

丁丁（哭闹）：我就是不写！

爸爸：你看人家杨阳，每天都是写完作业才玩！

丁丁：他是他，我是我。

爸爸：像你这样，以后成不了大器，我看也就扫大街还差不多。

丁丁：扫大街就扫大街呗。

爸爸：再这样，我就把电视遥控器收了！

……

结果，对话变成了争吵，家庭气氛变得一团糟。最终父子双方以消极情绪对抗。

案例二：未能给予孩子正确的引导，顾此失彼。

妈妈在房间里和妹妹玩会跳舞的毛绒玩具，妹妹笑得很开心。哥哥在客厅里自己拼拼图。

过了一会儿，哥哥走进房间，一手抢走了妹妹的毛绒玩具。妹妹哇哇大哭。

妈妈：你怎么抢走妹妹的玩具，她都哭了。

哥哥：只知道关心妹妹……

妈妈：你怎么这样说话呢？

哥哥（大声抗议）：反正我不管怎么样都没人关心的吧！

……

案例三：缺乏良好的引导，人际关系紧张。

小东和小文住在同一个小区。可小东的妈妈和小文的爸爸经常因为相互间的言语表达不恰当，造成双方冲突不断。在家长的影响下，小东和小文在彼此的交谈中也养成了不良的习惯。有一次，在“六一”儿童节，学校隆重举行文艺汇演暨游园活动。同学们都盛装打扮，感受着节日的温馨与快乐。这时，小东看到小文穿了一套黑色的运动服。

小东：小文，你的衣服可真土气！

小文（生气地推了一下小东）：你什么意思？你是在找碴儿吵架吗？

小东（举起拳头要打过去）：你就是土气！

小文（不服气，也举起了拳头）：你才土气呢！

这时，同学们走过来把他们劝开了。

不同的沟通对象、沟通内容和沟通的态度、方式会产生不同的沟通效果。社会中的每一个人，尤其是青少年，需要健康正常的人际交往，需要建立良好的人际关系。学会沟通，可以帮助青少年与他人和谐相处，提高学习、做事的效率，进一步促进心理健康。反之，他们正常的学习、生活秩序将会受到影响和破坏，甚至导致一些不良行为产生，结果不但困扰了自身的正常发展，还给社会带来不良影响。通过以上案例，我们可以看出影响孩子与人沟通、交往的因素主要有以下几个方面。

1. 青少年自身的原因。

青少年以自我为中心的性格对他们的人际交往、沟通有着很大的影响。有的青少年儿童在交往中自视过高，总觉得自己很优秀，比别人都强，因此摆出一副盛气凌人的样子，用鼻孔看人，甚至发展为不愿意与人为伴。同时，其周围的人自然也不喜欢与这样目空一切的人交往。因此产生交往障碍在所难免。也有部分青少年以己之短较他人之长，从而失去对自我的正确认知。来自师长的负面评价，极容易让孩子产生自卑感，并使其在与同学的交往过程中缺乏自信，这同样会造成人际交往、沟通的障碍。

不良情绪也是引发青少年出现人际交往、沟通障碍的原因之一，如嫉妒、恐惧等。这个时期的孩子很容易对受到表扬的或有一技之长的同学产生嫉妒心理。这样的学生往往不愿意承认别人的成绩与进步，甚至是贬低、怨恨，造谣中伤、挑拨离间等，妨碍了青少年的人际关系和谐。外貌、家庭环境等也会引起心理失衡。案例二中的哥哥在与妹妹相处中，觉得妈妈照顾妹妹而冷落他，不关心他，其实就是一种心理的不平衡，所以他不主动说出他内心的想法，而是以抢走妹妹的玩具来发泄他的情绪。还有些孩子由于交往受挫，引起了交往恐惧，产生对交往厌恶的情绪，使得他人不知道如何与其相处。

2. 家庭方面的原因。

父母与孩子沟通时，缺少对孩子的理解和尊重。案例一中的爸爸与孩子之所以会把对话变成了争吵，主要是因为他们的表达与沟通是在责备与被责备、愤怒与反抗的氛围中进行的。爸爸缺少对孩子的理解和尊重，交流的语言多是刻板的命令，少了对孩子的爱。这种表达与沟通方式不但不会在孩子的内心引起共鸣，反而会激活孩子防御机制，如对立违抗、逆反、退缩等行为，无法达到沟通的目的。最后，亲子关系也会变得不和谐。

家庭对于青少年的人际交往有着重要影响。父母与孩子之间的情绪互动，形成稳定而正常的亲子关系，这样的情绪连接为孩子与他人的相处打下基础。当然，父母本身的行为也为子女提供了如何与人相处的示范。科学的教育方式、平等民主的亲子关系，才能形成良好的家庭环境，有助于青少年形成良好的人际关系，建立优质的人际交往模式。

3. 学校方面的原因。

学校是学生社会化的重要场所，也是青少年从家庭走向社会的过渡点。他们在这个环境中开始减少对家庭的依赖，与社会构建新的联系。通过参与学校各项活动，孩子会与同学和老师产生各种形式的互动。其中，师生关系和同伴关系是孩子在学校的主要人际关系。这两种关系良好的孩子更容易拥有稳定的心理体验，更容易获得幸福感和归属感。相反，师生关系和同伴关系紧张的孩子，不但学校生活不顺，而且其他社会关系可能也处理不好。

4. 社会方面的原因。

现阶段随着信息化进程的加快，人与人之间的联系更加便捷，同时青少年儿童的人际交往范围也在不断扩大。事实上，青少年儿童的社交除了现实生活中的，还有网络世界里的虚拟社交，很多宅男宅女由此产生。有些孩子可以在网络世界里游刃有余，但在现实生活中可能存在交往的障碍。

了解孩子

四年级在小学教育中正好处在从低年级向高年级过渡的阶段。随着自我意识增强，思维进一步发展，孩子可以进行较为复杂的分析，开始意识到自己不受大人控制。这一时期，孩子的人际交往也发生了较大的变化，主要体现为以下特点。

一、交往对象与范围发生变化。

随着年龄的增长，四年级的孩子在人际交往上的对象发生了变化，交往范围扩大，交往关系深化。在这一阶段，孩子主要的人际交往对象从家庭成员转向同龄伙伴，交往的范围也逐步从家庭、邻里、班级扩大到学校生活的大圈子，在学校中去寻找朋友，建立友情。自我意识逐步得到增强，“独立感”逐渐上升，孩子产生了欲从父母的监督下逃脱出来的念头。他们开始追求父母影响不到的学习、生活。随着交往的对象重心转移到同龄伙伴，孩子们彼此相互吸引，交往频繁：一方面，因为共处同一个时期，他们都面临着同样的问题，有着彼此平等的地位和更多的共同语言；另一方面，他们的交往能帮助他们从同伴和集体对自己的评价中认识、了解自己，进而完善自己，这也正是他们所期望的。

二、交往的性质与内容发生变化。

四年级的孩子在人际交往中经常存在着一些相互对立的两极性特征。这一时期的他们在人际交往过程中既有独立性，又有依赖性，以及一定的自觉性，同时还有儿童式的幼稚性、开放性和闭锁性。交往中理想与现实也时常发生冲突，整个交往中带有童年时的天真和对成人行为动作的模仿。这时，孩子的自我意识已经发生了质的变化，力求摆脱成人的束缚和干涉。他们开始将视线转入内心世界，关心别人和自己的内心活动，塑造新的、独立的自我。

三、交往的态度和方式发生变化。

随着自我意识的增强，四年级的孩子在自我意识上发生了质的变化，他们的交往更多地受到自我意识的控制，他们的交往态度逐步向思考的、从内心信任他人的观点转变。

尽管由于身心不够成熟，四年级的孩子在交往方面还显得较为主观片面、极不稳定，但他们的交往态度是明确、真诚而直接的。同时，整个交往过程中伴随着强烈的个人情绪情感体验。孩子常常会因为受了老师的教训而闷闷不乐，会因为开心事而高兴得忘乎所以，也会因为冲动好奇做事不计后果。他们与家庭相关的情感逐渐减少，而与同伴的情感内容、形式却日益丰富。

四、交往的目的和效应发生变化。

四年级孩子的交往目的由最初的寻求游戏、玩耍的同伴，扩展到“合作”，寻求共同学习、共同完成任务的“好战友”。他们间还会产生一种“归属感”，即彼此之间感到是“一类人”，因此他们之间的沟通变得更加容易。孩子们的真诚交友、团结友爱、合作竞争等，均有助于他们的成长。但是，这时候孩子如果“拉帮结派”、搞“小团体”，无疑给他们带来一些新的问题。因此，家长、老师需要给予孩子更多的关注与引导。

作为家长，您在和孩子沟通、交流的时候，是否时常会产生“牛头不对马嘴”的感觉？其实，在与孩子沟通时是有选择性的，如果您无法开启孩子的心扉，自然也就无法有效地与孩子进行交流，好话未必能起到好作用。下面我们来听听孩子的心声吧。

1. 多一些理解和尊重，可以吗？

爸爸妈妈，你们知道吗？当你们指责我：“你怎么又因为看电视忘了写作业呀？”命令我：“赶紧写作业！”讽刺我：“不写作业，天天玩游戏，你的游戏一定是你们学校玩得最好的吧，花那么多时间还能玩不好？”我的内心感到没有安全感、冷漠、想反抗……你们越想禁止我做什么，我反而越想做什么。请你们能站在我的角度考虑一下吗？或许换一种口吻说话，我会更容易接受。

2. 不要剥夺我自主选择的权利，行吗？

爸爸妈妈，其实我更喜欢和那些性格、观点与自己相似的同学和朋友沟通、交往，他们可能学习成绩一般，但是他们身上有很多我欣赏的品质，如善良、真诚等。我希望爸爸妈妈不要太看重成绩，不要对成绩一般的同学有偏见，多给我一点自主择友的空间。

3. 请考虑一下我的感受，好不好？

“人家某某同学的成绩那么好，你看看你的成绩”“快点去写作业，整天只知道玩游戏”“你的脑袋整天就没用在学习上是吧”……爸爸妈妈，当你们用“揭短、责怪、命令、威胁、发怒”等方式跟我沟通时，我内心其实非常难受。你们可以换一种我能接受的方式跟我沟通吗？

人际交往能力是青少年适应学校、社会生活的重要能力，家长、教育工作者都应予以重视。只有遵循青少年人际交往发展特点对他们进行指导，才能防止青少年陷入人际交往的误区，让每一个青少年都有灿烂的未来。

实施指南

沟通能力已成为有效传递信息、构建和谐人际关系的必备能力。青少年作为一个特定的社会群体，是人际关系网络中的一个结，培养青少年的沟通能力具有重要的现实意义。为了使孩子能够更好地与人交往，家长应当对孩子的沟通、交往行为，做出必要的引导与规范。我们可以尝试采用以下几种策略，教会孩子与人沟通的技巧。

策略一：巧用“四要素”表达方式。

亲子沟通中，孩子都希望父母理解自己的感受，那么父母究竟该如何表达对孩子的理解呢？“四要素”表达方式是最合适不过的了。下面给大家介绍“四要素”表达方式。

1. 描述事实。

要观察，但不要评论，评论是使用静态的语言来下结论，如“你很懒，不想写作业”等。要使用动态的语言来描述事实，如“我发现你连续三天放学回来，都是先看电视，不是先写作业”等。评论一出口，别人容易反驳；客观地描述观察到的事实，交谈才能愉快地进行。

2. 说出感受。

多谈感受，少谈看法，即多表达情绪和情感，少表达观点和态度。在生活中，我们可以使用这样的话语表示感受，如“你的书法没评上一等奖，我为你感到惋惜”等。而在表达看法时，我们可以使用这样的话语，如“你的书法差了”等。为什么要多谈感受，少谈看法呢？因为每个人都有自己的看法，只谈论看法，不利于你和别人建立连接，而谈感受时，对方能体会到你的真诚，这就容易产生共情。

3. 表达需要。

多表达你的需要，尽量不要把责任推给别人。常见的归责表达方式，如“今晚11点多才能睡觉，都是因为你写作业拖那么长时间。上课不专心听，作业不会写”等。而在表达需要时，父母可以这样说：“我喜欢学习效率高的孩子，能按时作息。”表达感受的时候，父母应该把感受和自己的需要联系在一起，这一点十分重要。

4. 提出请求。

请求和命令不一样，命令有强迫的味道，请求没有。比如，有的家长会说：“从明晚开始，你必须九点半钟前完成作业！”而有的则会说：“你愿不愿意上课专心听讲，写作业更快更准，保证充足的睡眠时间？”通过对比，我们可以看出前者是一种命令，后者是一种请求。在提出具体的请求时，父母要让孩子容易理解我们的期待。

如果前面案例一中的爸爸运用“四要素”表达方式，可以这样说：

丁丁：爸爸，我上一天课了，我想看会儿电视，这会儿正在播动画片。

爸爸：我发现这段时间你很准时观看这部动画片，这肯定是你最爱看的动画片。（描述事实）

丁丁：是的，我都看了十五集了。

爸爸：我担心你完不成作业。（说出感受）

丁丁：不会的，我看完动画片后保证抓紧时间写作业！要不，你用表督促我，这样我就会更快一些。

爸爸：我希望你先完成作业再看电视。（表达需要）

丁丁：嗯。

爸爸：以后，你如果想看电视的话，回来能不能先抓紧时间写作业？（提出请求）

丁丁：好的，明天我就先写作业。

如果丁丁爸爸这样表达，就会向孩子表示，他能理解孩子的感受，但是写作业也是非常重要而紧迫的事情。既表达出对孩子想看动画片的理解，又与孩子最终达成一项时间安排的协议，那么双方的需求都会得到满足，此时沟通不仅是有效的，而且是积极的。

再比如，一位妈妈看到儿子乱丢袜子，有可能这样说："你怎么这么邋遢？赶快把你的袜子都收拾好。"听到这样的话，儿子很可能不听话，不捡袜子，或者是勉勉强强捡起袜子，却很不情愿。如果采用沟通的四要素，可以这样说：

妈妈：看到你有一只袜子在茶桌底下，还有一只在电视柜下。（描述事实）

儿子：妈妈，没想到你这么快回来。我原打算看一会儿电视，在您回来之前收拾好的。

妈妈：看见房间脏乱，我感到不舒服，不太高兴。（说出感受）

儿子：妈妈，知道了。

妈妈：我喜欢整洁的房间，希望你也是。（表达需要）

儿子：以后我注意讲卫生。

妈妈：你愿不愿意把袜子放进洗衣机里？（提出请求）

儿子：好的，我马上把袜子放进洗衣机。

可见，用“四要素”重新组织语言就能达到更好的沟通效果。

◆ 策略二：会用“四做到”表达方式。

如何让孩子学会表达与沟通，与人建立友善关系？作为家长，我们既要教会孩子“四要素”表达方式，又要教会孩子表达的“四做到”。

下面，我们来了解表达的“四做到”。

1. 做到主动地说。

与人交往时，勇于开口说话，主动把自己的感受和内心的想法表达出来。和别人讨论交流时，也敢于发表自己的不同看法和建议。

2. 做到友善地说。

①面带微笑。②有礼貌地说话：多用“你好”“谢谢”等礼貌用语，主动向别人问好和感谢。③委婉地说：出口就会冒犯别人的话不要说，指出别人的不足，不要直着说，学会委婉地说。④不小心说错话，要及时道歉。

3. 做到真诚地说。

说话要真实，不说假话；转述别人说的话时不添油加醋。真诚才能赢得别人的信任。

4. 做到简洁地说。

①开口前先整理好自己的语言，确定自己要表达什么意思。②说话不偏离主题，围绕主题，把话说完整，抓住重点讲，别东一句、西一句，说了半天让听者不知讲什么，也容易造成误会。

如果前面案例二中的哥哥运用“四要素”和“四做到”，可以这样说：

妈妈在房间里和妹妹玩会跳舞的毛绒玩具，妹妹笑得很开心。哥哥在客厅里自己拼拼图。

哥哥：妈妈，你和妹妹在玩毛绒玩具，真开心。

妈妈：是啊。

哥哥：可是，我自己一个人在客厅里玩，我觉得好孤单，不高兴。

妈妈：妹妹还小，需要照顾。

哥哥：我也想要你陪我玩。

妈妈：好吧。

哥哥：你能不能照顾完妹妹之后，就陪我玩一会儿，或者我们一起玩。（微笑）

妈妈：过来吧，我们一起玩。

哥哥：谢谢妈妈！

如果前面案例三中的小东和小文运用“四要素”和“四做到”，可以这样说：

“六一”儿童节，学校举行文艺汇演暨游园活动。同学们都盛装打扮，感受着节日的温馨与快乐。

这时，小东看到小文穿了一套黑色的运动服。

小东：小文，你好！今天你穿这套黑色衣服啊。

小文：嗯。

小东：要是平时穿我觉得挺酷的，但是在今天“六一”儿童节这么欢庆的节日里，我觉得看着有点沉闷。

小文：我真没想到这点，我是因为喜欢才穿的。

小东：我真想我们一起为“六一”儿童节增添色彩，增添欢乐。

小文：真不错。

小东：下一次节日，我提醒你吧。

小文：好啊，谢谢你！

小东：你客气了。

◆ 策略三：在情境游戏中，不断锻炼孩子的沟通能力。

培养孩子的沟通能力对他们未来的成长是非常关键的。角色扮演游戏，正好为孩子提供了很好的交往、沟通的契机。作为家长，我们可以根据孩子的具体情况，提供良好的游戏环境，让孩子扮演不同的角色，使得他们掌握沟通技能，从而促进交往能力的发展。

在学习了表达与沟通的“四要素”和“四做到”后，你会用了吗？家长、孩子都来练一练吧。

1. 家长练一练。

下面的两个场景，请您选择其中一个，练一练，演一演。

（1）场景一

要上学了，孩子在翻书包找回执单。

孩子：妈妈，今天要交回执单给老师，找不到回执单。

孩子把书包里所有的东西都翻了出来。

妈妈：

孩子：

……

（2）场景二

儿子和爸爸本来约定周末一起去游乐园玩，结果刮台风，下暴雨，根本无法出门，儿子就大声哭了起来。

儿子：坏爸爸，说好了去又不去，骗人，骗人……

爸爸：

儿子：

……

2. 孩子练一练。

请家长引导孩子根据下面的场景，练习怎样表达，学会与人沟通。

（1）场景一

放学后小朋友们在小区里玩蛇板，小云也带着新买的蛇板下来玩。小志看到小云新的蛇板，他也想玩一玩，小志放停了他的蛇板，走过来。

小志：

小云：

……

（2）场景二

班里组织去秋游，分小组开展野餐活动。林林、陈冰、王婷、李丹、张力五个同学是一组，由张力来主持小组活动。林林、陈冰、王婷、张力同学的妈妈都给他们准备了丰富的食物，有鸡腿、鸭掌、饺子、面包、苹果、香蕉……但是，李丹同学由于父母在外地打工，奶奶这两天生病了不能给李丹弄好吃的，李丹就自己煮了马铃薯拿来，煮得有点焦了。那么，李丹应该怎么做呢？

接纳意见

——善于接纳别人意见，让自己更完美

“尺有所短，寸有所长”。每个人身上也总有些长处和短处。正因为有了不同的人，不同的性格特点，才有了大千世界的五彩缤纷，才使得世界千姿百态、精彩绝伦。因此，作为家长，我们要让孩子懂得接纳，既要学会接纳自己，也要学会接纳别人，尤其是能够接纳与自己不同的人，互补方能全美。

案例分析

案例一：忠言逆耳利于行。

在一个小小的同学聚会上，有个漂亮女孩在喋喋不休地诉说她东家的不是。女孩说，那东家是个死板的老太太，经常指责她这里做得不对，那里又做得不对。

漂亮女孩说的那位老太太，是个肥胖、行动不便的老人，她的女儿在上海的一家公司工作，老太太的女儿为了照顾她，把她从法国接到了上海，然后雇了能讲法语的女大学生照顾她。可几乎所有的人都在这位苛刻的法国老太太面前败下阵来，有的不辞而别，有的不能忍受老太太的指责，索性与她争执。

正在漂亮女孩义愤填膺的时候，有个胖女孩凑上来，轻声问她："那你是不是不愿意再做下去了，如果你辞职，能否把照顾那位法国老太太的工作让给我？"

漂亮女孩一听，说："那好啊，我正求之不得呢。"

后来，胖女孩成为那位老太太的护工。漂亮女孩说："她肯定要受这待人苛刻的老太太的气。"

但谁也没有想到，胖女孩成为老太太的护工后，短短几个月，她和老太太相处得非常好，更让人不可思议的是，这位老太太还帮胖女孩忙，让她到法国去深造。

不久，胖女孩获得了法国一所大学的正式邀请，还获得一笔学习资金。来年春天，她就可以赴法国学习了。

许多人都觉得非常奇怪。胖女孩解释说："老太太的确很苛刻，我去照顾她的第一个月，她经常说我这里不对，那里不对，譬如你的走路姿势不对，眼神不对……有一次，我帮她取一块萨其玛，我是用手直接取给她的，老太太突然大怒，她斥责我没有教养，说应该把萨其玛放在碟子上给她。当时，我眼泪差点儿下来了，真的想辞职。但事后，我觉得，用手直接取食物给她，的确不太妥当。"

胖女孩是个不服气的人，她觉得老太太真的太刻薄了。但是，当她审视自己时，却脸红了。老太太说她走路姿势不对，她回家对着镜子走着看，果然发现她走路的时候有轻微的跳动；老太太说她坐姿不对，她下意识地观察自己的坐姿，发现自己坐下时，双腿没有合拢，真的很不雅观；老太太说她眼神不对，她偷偷对着镜子观察时，她看人的时候，有一点点斜视……

原来，老太太说的一切，全是对的。只不过，因为自尊心的原因，她在心里排斥别人的意见。

后来，胖女孩还知道了老太太的一些身世，她出生在里昂城的一个贵族家庭，从小就接受了上层社会的良好教育，是那种处世极有条理，生活极其精致的人。

此后，每当老太太提出意见时，胖女孩就开始认真去想，自己到底对不对？如果不对，她就努力去改正。

案例二：承认自己的错误，勇于改正，虚心接纳他人的意见。

本杰明·富兰克林是美国历史上最能干、最杰出的外交官之一。当富兰克林还是一个性格急躁、做事粗鲁的小伙子时，一位教友会的老朋友把他叫到一旁，对他提出意见："你真是无可救药了，你的所言所为已经打击了每一位和你意见不同的人。你的意见太尖刻了，没有人能够承受得起。你的朋友发觉，如果你不在场，他们会自在得多。你知道得太多了，没有人能再教你什么。"他指出了富兰克林刻薄、难以容人的个性。富兰克林听后深受触动，当面向自己的老朋友们道歉，承认了自己粗暴、急躁、刻薄的态度，他表示一定要用自己的行动来改正弥补。尔后，富兰克林渐渐地改正了他的这一缺点，变得成熟、明智，一改以前傲慢、粗野的习性。富兰克林说："我立下条规矩，绝不正面反对别人的意见，也不准自己太武断。我甚至不准自己在文字或语言上措辞太自主。我不说'当然''无疑'等字眼，而改用'我''我觉得'或'我想象'一件事该这样或那样。"他的这种谦和而努力的态度使他逐渐成为事业的强者。

案例三：想尽一切办法改正自己的错误。

司马光小时候曾是个贪玩贪睡的孩子，为此他没少受先生的责罚和同伴的嘲笑。在先生的谆谆教诲下，司马光决心改掉贪睡的坏毛病。为了早早起床，司马光睡觉前喝了满满一肚子水，结果早上没有被憋醒，却尿了床。于是，聪明的司马光用圆木头做了一个警枕，早上一翻身，头滑落在床板上，自然惊醒。从此，司马光天天早早地起床读书，坚持不懈，终于成为一个学识渊博的、写出了《资治通鉴》的大文豪。

这几个都是善于接受别人的建议而取得成功的事例。可见，即使地位高的名人也难免有不足的地方，但是在有失误的时候，他们能够虚心采纳别人的意见，于是取得了更大的成功。

古语说得好：“智者千虑，必有一失；愚者千虑，必有一得。”高山自有高山的巍峨，细石自有其独到的玲珑，相得益彰。多听取别人的意见，你将获益匪浅。

了解孩子

进入四年级，孩子的心理、生理都发生了较为明显的变化。无论是亲子间的沟通，还是孩子间的交谈，都会因为表达不恰当而导致不必要的冲突。因此，作为家长，我们需要主动引导孩子学会听取和接纳他人的意见，求同存异，教会孩子用合理的方式正确表达自己的观点或看法，让孩子的人际关系更加和谐。为此，我们需要准确把握孩子在这一阶段的成长特点和影响孩子行为习惯养成的因素。

一、不同类型的孩子在听取意见方面的特点。

随着年龄的增长，四年级孩子的自主意识持续发展。孩子逐渐意识到自己是一个独立的个体，并且对一些事情也有了自己的观点和想法，当孩子的想法与别人的想法有出入的时候，他便更倾向于坚持自己的想法。孩子如果养成了自作主张的习惯，往往就不愿意听取别人的意见，这类孩子比较喜欢一意孤行，常常会让父母陷入尴尬的境地。而懂得灵活变通的孩子，一般都有自己的决策能力，既有主见，又能听取别人的意见，而且会对自己不当的行为做出调整，不会固守己见。孩子是听取建议还是固执己见，他们有什么特点？总结起来，主要是以下三种类型：

①被动型（自己不 OK/ 对方 OK）。被动型的人不能坚持自己的主张，容易将愤怒的矛头指向自己。

②攻击型（自己 OK/ 对方不 OK）。优先考虑自己的感受，很少考虑对方想法的类型。只要事态没有按照自己的想法发展，就容易感到愤

怒。由于不善于听取他人的意见，容易受到孤立。

③自信型（自己 OK/ 对方 OK）。尊重自己的同时，也尊重对方的类型。这种类型的人可以坚持自己的主张，也可以承认自己的错误，能够不受他人左右，自己决定自己的行动。同时，成为一个自信的人，也就意味着能够不被愤怒情绪所左右。

二、影响孩子接纳别人意见状况的因素。

>>> 1. 影响孩子接纳别人意见的自身因素。

①性格方面。孩子能互相接纳，是受到他们性格的相似性和互补性影响的。一般来说，孩子大多喜欢与那些性格、价值观和态度跟自己相似的同伴交往，这样大家的意见往往比较一致，即使有时出现不同意见也容易接受。另外，性格比较开朗的孩子具有比较强烈的交往意识，经常希望能与同伴交往，与同伴建立友谊，他们也乐于接纳别人的意见。而那些性格内向的儿童与人交往的意识比较薄弱，不敢也不愿主动参加交往活动，这也影响了他接纳别人的程度。

②学业方面。青少年一般更喜欢聪明能干、学业优秀的同伴。因为他们认为这样的同学更能给人以帮助，至少不会找麻烦，这就构成一种心理酬赏，觉得应该和他交往，接纳他。

③交往技巧方面。与人交往是需要技巧的，许多孩子正是由于没有掌握有效的交流手段和方法，才使得他的人际关系不太好，大家不太愿意与其交往，更不会接纳他的意见。比如有的孩子不知道如何与别人商量，在和别的小朋友一起玩时无法友好相处，要么不欢而散，要么互相攻击；有的孩子不懂得礼貌用语，说话时经常在无意中就伤害到了别人，而自己却全然不知；有的孩子不善于处理冲突和矛盾，同学之间一点小小的问题就闹得不可开交，就连好朋友也会冷落人家三五天。这时候，我们要引导孩子主动与人友善交往、富有幽默感和构建双方的支持性沟通。

>>> 2. 影响孩子接纳别人意见的家庭因素。

①有的家长习惯对孩子讲道理，而不重在行动上的执行。虽然讲道理是值得提倡的教育方法，但是我们只讲大道理，却不让孩子在具体行

为中体现，那么结果就是孩子虽然听了我们讲的话但是不付诸行动。记得看过这样一个故事：

孩子看动画片，时间太久了，妈妈给他讲道理，看电视时间久了对眼睛有害，孩子听明白之后点点头，然后对妈妈说："我再看一小会儿。"妈妈就让他再看一小会儿。但是，过了一小会儿，孩子还是说，再看一会儿，妈妈继续讲道理，孩子仍然不执行，这样的行为会让孩子明白父母的建议原来可以当"耳旁风"。

如果孩子总是一意孤行，听不进别人的建议，就会渐渐形成一种固有的思维习惯和处世方式，这可能会导致他在与同伴交往过程中不受待见。因此，培养孩子听取别人建议的好习惯，实际上也锻炼了孩子沟通与合作共享的能力。

②在孩子遇到困难时，很多家长总会不由自主地想替孩子解决，而不是让孩子试着自主地想办法解决。其实，只有让孩子试着去解决问题了，他（她）才知道哪些建议是有帮助的，才能体会到接纳别人的建议是对自己有益的。但是家长常常没有给孩子这样的机会。

③有的家长会"欣赏"孩子的狡辩。遇到孩子狡辩的时候，有时家长会跟孩子说："哟，你还挺有主意的！"有时家长还会假装生气，对孩子说"不许狡辩"，但是孩子能够读懂家长内心对自己潜在的"欣赏"。这种"欣赏"比直接明了的表扬更让孩子有快感，于是，孩子就觉得"我反驳父母的建议，就能获得他们的好感"。孩子不听取建议，就这样悄然形成了习惯。

3. 影响孩子接纳别人意见状况的学校因素。

教师与孩子之间的关系及教师对孩子的态度都影响着孩子同伴对孩子的接纳状况。孩子在教师心目中的地位，会间接地影响其他儿童对这个儿童的评价。如果一些孩子在班里备受教师的宠爱，教师总是有意无意地表扬他们，那么这些孩子在其他同伴心目中的地位就会与日俱增。因此，那些在教师眼中是"宠儿"的孩子就成为"万众瞩目"的焦点；而在教师眼中稍逊一筹的孩子，在同伴中的地位也略显逊色；在教师眼中不受欢迎的孩子，就更不会得到同伴的认可和接纳了。

在孩子成长的过程中，家长、老师或者他人会给孩子提许多意见，但孩子有时候不愿意听，很难接受别人的意见。那么，家长应该如何让孩子虚心接受别人的意见呢？让我们来听听孩子们的心声吧！

1. 不要动不动就这样“说”我。

爸爸妈妈，当你们给我提意见的时候，不要“骂”着说，如“怎么妈妈说什么你都不听的，你没长耳朵吗？”“叫你细心一点，你怎么都听不进去？你是块木头吗？”“你看看隔壁的小红多有礼貌，你就是不学好，没有礼貌！”，等等。这样的“骂”会让我很反感，心里会觉得很难受。

2. 希望爸爸妈妈能给我正确的引导。

爸爸妈妈，其实我是可以接受你们提出的意见的。只是有时候，我不知道对与错，内心很矛盾。这个时候，我很希望爸爸妈妈能给予我更多正确的引导。

3. 请别强行要我接纳意见。

爸爸妈妈，你们给出的正确意见，我还是会听的，毕竟你们比较了解我。但有些时候，你们的意见也会有些片面，甚至是不正确的，可是你们还强行要我接受，这让我难以忍受。爸爸妈妈，请允许我自己做选择，而不是全部按照你们所说的话去做。

实施指南

俗话说：“听君一席话，胜读十年书。”孩子如果能认真听取别人的忠告，善于吸取教训，或许就能避免许多懊悔及烦恼。但是，随着社会经济的发展，人们生活水平的提高，许多家长们都会百般呵护“宠着”孩子长大，再加上四年级的孩子还处于对事物似懂非懂的阶段，以致有些孩子以自我为中心，只喜欢听好话，不喜欢别人指出自己的缺点，看不到自己身上的不足。为了让孩子能虚心接受别人的意见，建议家长可以从以下几个方面做起。

◆ **策略一：父母做好示范。**

在日常的家庭生活中，家长应主动创建民主平等的氛围，给孩子参与家庭议事的机会，并适当听取孩子的建议。此外，家长还可以试着让孩子独自去解决矛盾或困难，并适当提出建议，让孩子真正体会接纳他人意见的好处。

◆ **策略二：亮起绿灯思维，先听别人把话说完。**

孩子都知道“红灯停，绿灯行”的交通规则。因此，家长只需提醒孩子，当他听到不一样的言论时，就告诉自己：现在是绿灯时间，要听别人把话说完。比起笼统地讲大道理，如“你要倾听别人的话”“你要懂得尊重别人”等，“绿灯思维”更直接、更有效。比如，家长可以给孩子准备一个绿灯牌。当有人在发表意见，举起绿灯牌时，孩子一看到绿灯牌，就会给自己积极的暗示。形成“绿灯思维”后，当孩子听到不同的观点时，可能就会想：虽然大家说的和我所知道的不太一样，但是说不定他们的话对我有用，我应该先把别人的话听完。

◆ **策略三：区分“我”和“我的观点/行为”。**

孩子之所以会习惯性防卫，有一个重要的原因是：人有一种倾向，会把对自身观点和行为的质疑，误认为是别人对自身的否定。也就是说，我们会常常不自觉地认为，“我”和“我的观点/行为”是一回事儿，“别人说我做得不对，就是别人说我这个人不好”。在这种观点的影响下，孩子的第一反应不是去思考自己是否真的有需要改进的地方，而是会觉得父母、老师、同学等是在针对和指责自己。因此，家长在给孩子提建议时，也要记得跟孩子说明：我们只是认为你的某个行为需要改正，与你这个人本身无关，也不会因此认为你是一个坏孩子。只有这样，孩子才能正确区分“我”和“我的观点或行为”。

◆ **策略四：学会辩证看待别人的建议，而不是照单全收。**

作为家长，虽然我们常常会认为，孩子的思想观点都不成熟，应该虚心接受别人的建议，但是我们也要清楚一点，有些建议可能适用于别人家的孩子，但未必适用于自己的孩子。其实，学会辩证看待，这对孩子来说很重要。只有这样，家长才能帮助孩子更加客观地判断别人的观点是否正确、是否可行、是否对自己有益。如果孩子认为别人的观点是正确的，那么再去反思，看看自己能从别人的观点中学到什么，自己又有哪些行为需要改进。

◆ **策略五：坚持写反思日记，让绿灯思维成为习惯。**

写反思日记是一个非常好的方法。作为家长，我们可以教孩子记录哪方面是需要反思和改进的。时间一长，孩子习惯性防卫出现的次数就会减少，绿灯思维就会成为一种习惯。表现在行为上，就是孩子固执己见的次数会减少，心态会变得更加开放，也会认为可以从周围的人事物当中学到很多东西，与周围人的关系更和谐。

◆ 策略六：避免因不同的意见导致争吵。

①让孩子明白存在不同意见的意义。家长可以这样对孩子说：如果有些地方你没有想到而有人提出来的话，你就应该衷心感谢，因为不同的意见是你完善自己的想法、避免重大错误的好机会。

②引导孩子学会保持冷静，控制脾气。家长可以这样对孩子说：先让你的反对者有说话的机会，让他们把话说完，不要抗拒防护或争辩，否则的话只会增加彼此沟通的障碍。

③教会孩子主动寻找与他人意见一致的地方。家长可以这样对孩子说：在你听完了反对者的话以后，首先去找你同意的意见。

④让孩子学会敢于承认自己的错误。家长可以这样引导孩子：你需要为你的错误道歉，这样有助于解除反对者的“武装”，还可以减少他们的“防卫”。

⑤引导孩子学会延缓自己的行动。家长可以这样对孩子说：如果是对决策有影响的意见，但双方又各持不同看法，这时候不要急着决策，让双方都有时间把问题考虑清楚。你可以等到当天稍晚的时候或第二天再交换意见，这样才可能考虑到所有的事情，从而使想法更全面了，心情也平静了，问题就容易解决了。

正所谓：“当局者迷，旁观者清。”四年级的孩子有时候虽然还不能明辨是非，但是能在家长和老师的引导下，学会听取别人的想法。在接受别人意见的过程中，孩子就会了解事情的真相，在实践中学会辨别是非，审视自己的缺点并自我完善，久而久之，就会有“闻过则改”的雅量，这无疑是孩子成长路上一份无价的礼物。

换位思考

——多考虑别人的感受，多一份关心和理解

为人处世，贵在体谅，与人相处，难在理解。作为家长，我们都知道人和人之间如果不懂得相互理解，相互包容，也就绕不过心灵的隔阂。生活中，孩子许多时候会因为得不到理解而烦恼、生气。孩子有时还会因为过分在意自己的主张，不理解他人的想法，不体谅他人的难处，以致让自己与他人之间的矛盾愈演愈烈。如果孩子凡事都习惯以自己的观念为标杆，只知道“想当然”，却不知道换位思考，那么再好的关系也很难维持下去。

因此，家长需要告诉孩子：凡是可以靠一声道歉、一个微笑、一个原谅解决的，就不必非要分个输赢，更不要去争吵指责。只有这样，孩子才会真正明白美好的生活需要换位思考，并学会多考虑他人的感受，给予他人更多的关心和理解。

案例分析

案例一：站在不同的角度思考。

1. 站在家长的角度。

数学单元测验的成绩出来了，果果一脸喜悦地回到家。

“爸爸，我们今天考数学了。”

“考了多少分?”

“98分，”果果有点胆怯地说，“你肯定会说我。”

“你为什么不能考第一名？第一名是谁，考了多少分?”

“是罗子雯，99分。”果果有点不高兴地回答道。

“怎么又比她考得差？你努点力行吗?”

“你凭什么说我没努力？我都考第二名了，老师还表扬我了呢，就你总是不满意。”果果生气了，她提高嗓门喊了起来。

“你怎么这么不懂事，我这不是为你好吗。你看人家罗子雯，每次都考得那么好，哪像你时好时差，也不知道争点气。”

“你为什么老是说我，而每次都说别人好”。果果气冲冲地走进自己的房间，“砰”的一声把门关上了。

爸爸也生气了，恨女儿不懂事。

2. 站在孩子的角度。

没过多久，妈妈下班回家了，果果打开房门，并向妈妈说：“妈妈，我们今天考数学了。”

“是吗，这回考了多少分？”

“98分呢！”果果有点撒娇地说，“我可是全班第二名。”

“好啊！我家果果就是厉害，又考了第二名，下次加油，争取考个第一。我说了你很有潜力吧？妈妈相信你一定会提高的！好不好？”

“好！我会努力的，一定考个第一，妈妈！”果果高兴地回答道。

在案例中，因为果果的爸爸不懂得考虑果果的感受，所以果果和爸爸闹掰了。而果果的妈妈懂得尊重果果，肯定了果果的努力，同时也很婉转地提出要求，果果就很开心地接受了妈妈的建议。类似的事情在很多家庭都有发生，本来很平常的对话，说着说着双方就吵了起来。于是，家长便会想：与孩子对话怎么就这么难呢？孩子怎么就不能理解家长呢？

要使家长与孩子双方能有良好的沟通，重要的一点是家长要学会变换角度思考。家长应主动站在孩子的角度考虑问题，理解孩子的内心感受，及时调整自己与孩子沟通的语言。简单点说，家长需要站在孩子的角度，学会进入孩子的内心，了解孩子的所思、所想和所盼，这样交谈才能流畅、愉快和有效。

作为家长，当孩子取得好成绩时，我们一定要与孩子分享喜悦，给予孩子应有的表扬和鼓励，让孩子体会到成功的喜悦，这不但能密切亲子关系，还可以激发孩子的学习动力，使孩子更加努力。在孩子遇到困难和失败时，我们要注意给孩子支持和安慰，不要急于数落孩子，积极帮助孩子增强信心。如果发现孩子不高兴，家长也不要盲目地埋怨和唠叨，而要引导孩子把烦恼和痛苦宣泄出来，让孩子感受到家长的爱抚。时间长了，孩子就能感觉到家长像伙伴、像朋友，并在心里接受家长，主动与家长交流，并能主动按照家长的要求做事情。

案例二：控制情绪，互相体谅。

1. 站在自己的角度。

篮球场上，小东和几个同学在激烈地进行着篮球比赛，他们各个全神贯注。

小西：小东，接球。

小东：王翔，接着。

在传球时，一不小心，球砸到小西的身上。

小西（抱着肚子，生气）：你怎么不长眼睛啊，疼死我了。

小东（趾高气扬）：你才没长眼睛呢，被砸到活该，关我什么事，哼。

小西：你明明先砸到人的，还恶人先告状，我告诉老师去。

小东：你去说好了，我又没有错，不小心嘛。

小西（用手指着小东）：你还没有错……

小东：怎么啦，想打架，我奉陪。

小西：谁怕谁。

小东和小西两个人打起架来。

2. 站在他人的角度。

篮球场上，小东和几个同学在激烈地进行着篮球比赛，他们各个全神贯注。

小西：小东，接球。

小东：王翔，接着。

小东在传球时，不小心，球砸到小西的身上。

小西（抱着肚子）：疼死我了。

小东（马上跑上前）：对不起，对不起，你哪里受伤了，是不是很疼？

小西：肚子……

小东：要不要去医务室看看？

小西：没关系，我想休息一下就会好的。

小东搀扶着小西坐到操场旁边的椅子上。

案例中，小东在前面的场景不懂得换位思考，所以矛盾升级演化成打架事件，而小东在后面的场景懂得换位思考，小西原谅了他，所以就化干戈为玉帛了。因此，懂得换位思考将有助于化解同学之间的矛盾，促进双方的友善交流。作为家长，我们需要引导孩子学会在人际交往中运用换位思考的方式来考虑问题。当孩子学会把对方换成自己后，经过进一步的换位思考，能较全面地考虑双方的需要，进而理解或谅解对方的行为，选择对方期待的、能接受的方式与之交往，便能提升个人交往能力，避免人际冲突。

换位思考，指站在别人的角度，理解他人，也即设身处地为他人着想的一种思考方式，它是人与人之间交往的基础。四年级的孩子正处在由少年期走向青春期的特殊阶段。由于自我意识的发展，他们更在意自己的感受而不愿意倾听他人的想法，从而非常容易和同学、父母、老师产生矛盾。影响孩子关心别人感受、换位思考的因素主要有以下几个方面。

1. 孩子自身方面。

在很小的时候，孩子并没有能力进行换位思考。随着孩子慢慢长大，他们开始能够意识到他人的情绪变化。比如，看见有人开怀大笑时，他们可能也会一起笑；看到有人伤心痛苦，他们可能也会闷闷不乐。这种“察言观色”可谓是一种基础能力，只有会“察言观色”，孩子才可能理解他人的情绪和感受。这个能力的培养需要在日常生活中多去感受与体验。

四年级孩子的知识经验和生活体验已经比较丰富了，对事物的认识也更为深刻。他们在日常生活中会有各种感受。这时候，家长应让孩子主动说出内心的感受，然后引导孩子尝试着推己及人，想象他人遇到这种情况，会有什么样的感受和想法，从而让孩子逐渐学会换位思考，并能关心他人的感受。

2. 家庭环境方面。

①对孩子溺爱，容易造成孩子以自我为中心的思想。

当前，在大多数家庭中，孩子通常是家里的“太阳”，从小开始就享受细心、周到的照顾，没有饥寒之忧，几乎不用做除了课业学习的其他事情。孩子在这样的家庭环境中逐渐失去了独立成长的机会，变得不会替别人着想，也缺少与人相处的能力，总喜欢以自我为中心。长此以往，孩子也就不会懂得换位思考。

②父母陪伴少，容易造成孩子过于自我保护的自私自利思想。

有的父母长年累月在外地工作，很少有时间陪伴在孩子身边。孩子每天都在增加对这个世界的理解和认识，可是因为父母没有在孩子身边，没能第一时间抓住孩子的心理变化，继而引导他们树立正确的价值取向，这使得孩子的自我保护意识变得特别强，特别容易养成自私自利的习惯。

③家长教育的耐心不够，容易造成孩子不愿沟通或换位思考解决问题。

父母和长辈对孩子引导教育的耐心不够，孩子遇到问题时，往往是三言两语就堵住孩子的嘴巴，没有给孩子说出自己内心真实感受的机会。这样的孩子不能一吐为快，情绪得不到释放，缺少与人沟通的机会。长期如此，孩子性格也会变得懦弱，遇到困难和问题喜欢退缩，不愿主动思考或换位思考解决问题。

3. 社会环境方面。

在实际生活中，家长往往会过于重视孩子的考试成绩，认为只要孩子好好学习文化知识，其他的事情都是无关紧要的。在这样的教育影响下，孩子失去了独立思考的空间和独立处事的能力。人的一生，实践是必需的；在成长的过程中，挫折和反思也是必需的，家长要允许孩子犯错和失败。只要求成绩，其他的都视若无睹，就会把孩子培养成“考试的机器”。久而久之，孩子也不会感恩，不会为他人着想，缺乏承受挫折的能力，更缺乏坚强奋斗的意志，无法勇敢地面对社会的各种挑战。

了解孩子

换位思考，指站在别人的角度，理解他人，它是人与人之间交往的基础。为引导孩子学会换位思考，家长需要认真了解孩子在四年级这个阶段的成长特点。

一、处于自我意识的发展期。

四年级孩子的自我意识不断加强，他们更加强烈地意识到“自己”，渐渐摆脱对外部控制的依赖，逐渐形成了自己的行为准则，并作为监督、调节、控制自己行为的依据，而且对事情有自己的打算和想法，更在意自己的感受，有时不愿意倾听他人的想法，从而非常容易和周围的同学、家长、老师等产生矛盾。

二、建立同伴关系的重要时期。

四年级的孩子更重视结交自己的好朋友，有自己的社交圈，但是心理还不够成熟，不善于从对方的角度体察、理解对方。当自身的利益受到威胁的时候，孩子往往会优先考虑自己，忽略对方的感受，在与小伙伴产生矛盾时无所适从。

三、与父母关系的改变期。

四年级的孩子因为对世界的认识不断提高，开始质疑和挑战父母的价值观系统，会问“我为什么必须按你说的这么做？”他们将进一步与父母分离，有时还喜欢乱发脾气，对“好”与“坏”的判断也似是而非。

孩子性格的养成跟他们所处的家庭和社会环境息息相关。只有了解孩子在这个阶段的特征，家长才能更好地换位思考，有效避免亲子矛盾，从而建立起良好健康的亲子关系。

换位思考，才能让孩子设身处地理解别人，与他人良性互动。如何让孩子学会换位思考？让我们一起听听孩子的心声。

1. 请多站在我的角度思考问题，可以吗？

我已经读四年级了，对于一些事情也有自己的看法。爸爸妈妈请不要总是唠叨“你要这样做才对”，“那样做是不对的。”比如，为了鼓励我积极阅读，你们就会买很多名著图书，并要求我全部读完。其实，你们不知道我喜欢看科幻小说、侦探故事、搞笑的漫画等读物。

2. 让我情绪稳定再换位思考。

当我和别人发生矛盾，如妹妹抢了我玩具、在学校被老师批评、和同学打架等，正处于情绪爆发期的时候，爸爸妈妈总会一个劲地跟我讲道理。其实，我那时根本听不进去，情绪反而会更加激动。希望爸爸妈妈可以等我情绪平静以后，再告诉我应该怎么做，这样我才更容易认识到自己的错误，并真正理解你们所说的道理。

3. 让我在参与过程中感受换位思考。

爸爸妈妈，我希望能够多参与家里的事情，如为爷爷筹划生日聚会、制定外出计划、采购生活物品等。很多时候，我会有很多新的点子，可是每当我提出不同的意见时，爸爸妈妈就叫我闭嘴，让我不要多管闲事。我真的很希望爸爸妈妈给我表达意见的机会，适当采纳我的建议，这会让我觉得特别开心，也会变得更有担当的。

实施指南

换位思考是一种心理体验过程。将心比心、设身处地为对方着想是达成理解不可缺少的心理机制，这客观上要求我们将自己的内心世界(如情感体验、思维方式等)与对方联系起来，站在对方的立场上体验和思考问题，从而与对方在情感上得到沟通，为增进理解奠定基础。它既是一种理解，也是一种关爱。如何能让孩子学会换位思考，学会多考虑别人的感受，对他人多一份关心和理解？以下几个策略仅供家长参考。

◆ 策略一：让孩子明白看待问题的角度是多元的。

“横看成岭侧成峰，远近高低各不同，不识庐山真面目，只缘身在此山中”。观察的角度不一样，看到的景色也是不一样的。

在人际关系中也是如此，父母要经常引导孩子从不同角度去看问题，站在不同立场去看同一个问题会有不同的认识和感受。

◆ 策略二：抓住契机，引导孩子换位思考。

叶圣陶在教育子女要多为他人着想时，举过一个例子：一位父亲让儿子递给他一支笔，儿子随手递过去，不想把笔头朝向了父亲。父亲就对儿子说：“递一样东西给人家，要想着人家接到手方便不方便。你把笔头朝向人递过去，人家还要把它倒转来，倘若没有笔帽，还要弄人家一手墨水。刀剪一类物品更是这样，绝不可以拿刀口刀尖对着人家。”可见，家长要从生活的细节出发，在适当的时机主动引导孩子学会换位思考，这会比单纯地讲大道理所起到的作用更直接、更有效。

◆ 策略三：利用“我讯息”让孩子体会父母的情绪。

以第一人称“我”开头和孩子沟通，表达家长的情绪、喜好、需求或结论，让孩子体会父母的情感。

“你讯息”：以第二人称开始，往往有指责的意味。

“我讯息”：以第一人称开始，重在表达感受和陈述事实。

“我讯息”如何表达？依照以下这三个步骤：描述行为、表达感受、表达期望。

①描述行为：说话的内容尽量描述具体的行为，把焦点集中在某一个特定的状况或行为，然后加以描述。并且少使用“一直”“永远”“都是”等字眼。

②表达感受：在描述完特定的状况或行为后，接下来描述自己的感受。

③表达期望：在说完自己的感受之后，还可以把自己的期望说出来。

◆ 策略四：用换位思考“四部曲”处理情绪。

如果孩子和人发生矛盾，正处于情绪爆发期，此时不宜引导孩子换位思考，要等孩子情绪平静下来以后再进行引导。

用换位思考“四部曲”来引导孩子换位思考：

①如果我是他（她），我需要的是……

②如果我是他（她），我不希望……

③如果我是对方，我的做法是……

④我是以对方期望的方式对待他（她）吗？

◆ 策略五：角色扮演让孩子学习换位思考。

角色扮演游戏是孩子通过想象，创造性地模仿现实生活的活动，它为孩子提供了模仿、再现人与人关系的机会，为他们形成良好的社会交往能力打下基础。在角色扮演游戏中，孩子们通过对现实生活的模仿，再现社会中的人际交往，练习着社会交往的技能，不知不觉中就提升了人际智能。在游戏中，孩子们的行为要与所扮演的角色相吻合，要把自己放在角色的位置上。从角色的角度看待问题，必须学会共同拟定和改变游戏活动的主题。为了使角色游戏成功地继续下去，孩子之间就先要协商由谁担任什么角色，使用什么象征性的物品及动作。此外，游戏中常常需要临时作出调整，这就需要孩子学会共同合作，主动从他人角度的看问题，从而更好地促进相互间的交往。同时，在游戏中还可学习如何坚持自己正当的权利、要求，怎样控制自己的言行，以符合游戏规则。因此，角色扮演游戏水平的高低，能反映社会交往能力水平的高低及人际智能水平的高低。

在实际生活中，家长可以带领孩子做一做下面的两种换位思考游戏。

> >> 1. 与同学、朋友玩一玩。

每个人说出自己的三个经历，其中两个真的、一个假的，让其他人去猜哪个是真的、哪个是假的，并且说明理由。只有把自己当作当事人进行思考，孩子才能了解他（她），才能更容易猜得准。

> >> 2. 父母与孩子玩一玩喂水游戏。

这个游戏需要两个人一起做，一个人负责接一杯水给另一个人喝，中途不允许交流。游戏结束后，双方可以询问各自的感受，让大家自由分享在整个环节中都为对方考虑了哪些事情？

延伸拓展

沟通是一门学问，要与孩子建立有效沟通，让孩子意识到自己的错误并且心甘情愿地改正自己的错误，听进家长和老师的忠告，家长就需要使用一些必要的语言策略。以下书籍可以为家长提供了一些有效的建议，从而帮助家长顺利地进行亲子间的有效沟通。

阅读推荐

> >> 1.《好好说话：新鲜有趣的话术精进技巧》（著者：马薇薇、黄执中、周玄毅等；出版单位：中信出版集团）。

理由及建议：好好说话，就是“好好做人”，理解他人、了解自己，体会人的喜怒哀乐，既不会伤害对方，也不会委屈自己，做一个善解人意又不失立场的人。通过阅读该书，家长在日常的沟通交流中可以巧妙地借助书中的只言片语表达自己的想法，从而达到沟通传递情感、化解矛盾和尴尬的效果。

> >> 2.《创造双赢的沟通：话这样说就对了》（著者：[美]刘墉、[美]刘轩；出版单位：北京联合出版公司）。

理由及建议：最好的沟通者不一定是最强者，而是最好的肯定者和建设者。沟通，是我们要学好并做好的必修课程，是成为有素质、有涵养的人的必备武器。这是很简短的一本书，作者以简洁有力的语言，诉说平凡之事，悟出不平凡之道理，教我们如何创造双赢，甚至三赢的沟通。通过阅读该书，家长可以学到许多双赢沟通的技巧，这会让我们的生活更和谐。

> >> 3.《尼尔斯骑鹅旅行记》（著者：[瑞典]塞尔玛·拉格洛夫；译者：石琴娥；出版单位：时代出版传媒股份有限公司、安徽教育出版社）。

理由及建议：该书是教育孩子如何健康成长的一本好书。故事的开始，尼尔斯是一个问题少年，他的身上毛病、缺点很多，最主要的是过于以自我为中心，做事情不考虑别人的感受，还喜欢欺负小动物。可是当故事展开以后，通过一场误打误撞的骑鹅旅行，尼尔斯明白了“己所不欲，勿施于人”的道理。该书以主人公精彩的旅行故事为主题，引人入胜，没有说教的口吻，适合家长和孩子一起阅读，具有很强的教育启发意义。

评估改进

一、自我评估

您在日常生活中的实际情况与下面列出的表现是否相符？若相符，则选“是”；若不相符，则选“否”。（注：家长可以先单独完成作答，再让孩子自行作答。）

	是	否
① 与他人沟通时，您不常主动表达自己内心的感受和想法。	□	□
② 与他人沟通时，您是否会揭别人的短处或嘲笑别人？	□	□
③ 当别人做得不够好时，您是否会责怪别人？	□	□
④ 与朋友一起玩时，您是否会说扫兴的话？	□	□
⑤ 与他人相处不好时，您是否会常常发怒？	□	□
⑥ 知道了朋友的隐私，您是否会把隐私告诉别人？	□	□
⑦ 您是否认为自己有很多缺点，别人不会听您的建议？	□	□
⑧ 您是否觉得自己几乎都是优点和长处，不想听别人的建议？	□	□
⑨ 您做任何事情要得到别人的肯定才开心。	□	□
⑩ 您是否担心会惹别人不高兴，不敢给别人提建议？	□	□
⑪ 您受到别人的批评或被人指出不足就会愤怒。	□	□
⑫ 您是否经常等着别人的意见，而自己没有主见？	□	□
⑬ 您是否把别人的建议照单全收，不经过自己的思考就照着做？	□	□
⑭ 别人与您的看法不同，您不能站在别人的角度去思考。	□	□
⑮ 您与别人发生了矛盾后，您不主动去和好。	□	□
⑯ 您没发现别人的闪光点，不会欣赏、赞美别人。	□	□
⑰ 您在自己进步的同时，不会帮助别人进步。	□	□
⑱ 当别人受到了委屈伤心时，您不会主动去关心、安慰他（她）。	□	□

是 否

⑲ 当别人遇到困难时，您不会替他（她）着想，帮他（她）解决困难。 □ □

⑳ 您觉得自己不是一个宽容大量、善待他人的人。 □ □

【评估参考】

A. 如果您选择了10个以下“是”，说明您与人沟通、交往能力较好，能理解别人的感受，尊重别人，善于换位思考，有较高的沟通、交往技巧。如果您也愿意多学习，一定能取得更好的成绩。

B. 如果您选择了10～15个“是”，说明您与人沟通、交往能力一般，多数时候能换位思考，理解别人的感受，懂得采取一些合适的方式与别人沟通与交往，并能实现一定的效果。但是，有时考虑自己多过别人，不是很善于接纳别人的意见，有时缺乏更有效的沟通方法，导致沟通效果不是很理想。不过，只要您继续学习，再努力一点，您就可以大大提升与人沟通、交往的能力。

C. 如果您选择了16～20个“是”，说明您与人沟通、交往的能力欠佳，与家人、朋友的关系不够和谐。因为您没能理解别人的感受，不尊重别人，不善于听取他人的意见，许多时候采取了不合适的沟通方式。但是，只要您能积极改掉一些不良的习惯，您就会得到别人的支持和配合，与人的关系会变得更和谐。

二、改进计划

亲爱的家长，您好！阅读本专题后，您应该对如何引导孩子构建友善的人际关系有了更深入的认识。下面请您结合实际情况，写出自己的改进计划，并逐项完成。

第五专题 不攀不迷养正气

攀比心理是刻意在智力、能力、生活条件等方面将自己与别人进行比较，并希望赶超别人的一种心理状态。攀比心理往往表现为不愿落后于他人，超群好强，有时表现为物欲强的攀比行为。据调查，小学阶段的孩子之间互相攀比的现象较为突出。别人有的，我也一定要有！可见，小学生出现的这种不正常的“攀比心理”已成为一个普遍的社会问题。

攀比心理的存在，不仅会给孩子的生活、学习带来负面影响，而且会给家庭带来一定的经济负担，更会扭曲孩子的心灵。因此，在家庭教育中，家长对孩子价值取向的引导就显得尤为重要了。

如何让孩子拥有一颗“平凡心”，如何减少孩子的攀比心，增强正向的竞争心，引导孩子树立正确的价值观，促进孩子健康成长？作为家长，我们可以怎样引导孩子改变攀比的心理呢？这些就是本专题重点探讨及解决的核心问题。

拒绝攀比
——帮助孩子形成正确的价值观

案例分析

案例一：别让攀比心害了你。

林林是家中的独生子，爸爸妈妈、爷爷奶奶、外公外婆都非常宠爱林林。无论林林提出什么要求，他们总是无条件地满足。他们常说：“我们家就林林这一个孩子，凡是别的孩子有的，我们林林都会有。”可是，随着林林要求的增多，爸爸妈妈实在承受不了，有好几次都拒绝了他。林林得不到满足，心里感到极度的不平衡：“别人有的，我为什么不能有？真是太不公平了。”林林的生日到了，这一次，林林想办个大型的生日宴会，因为班里有名的“大款”——齐洋过生日的时候，就把全班同学都请到了酒店里，那场面，还有宴会上的那些美食，都让同学们啧啧称赞：“不愧是大款，出手就是大方。”林林心想：我的生日可不能太寒酸了，怎么也不能比齐洋差。我也要在大酒店里开生日宴会。可是，当林林回到家，向爸爸妈妈提出要在酒店办生日宴会时，爸爸妈妈非但没有答应，还生气地批评了林林一顿。无论林林怎么闹，爸爸妈妈就是不答应。爸爸恼羞成怒地说：“就是因为平时对你太好了，什么都满足你，把你惯得越来越虚荣，要求越来越高，事事都喜欢攀比，这样下去，以后还得了？”林林哭着朝爸爸妈妈吼道：“哼！你们不答应，我就找爷爷奶奶、外公外婆，他们肯定会答应我的。”听完林林的话，爸爸妈妈无可奈何地长长地叹了一口气：“这可怎么办呀？”

案例二：学会坦然接受失败。

元元是一个乖巧听话、学习成绩优秀的孩子。老师常常当着同学们的面夸奖元元。每次听到老师的夸奖，元元的心里可满足了，尤其是看到同学们崇拜自己的眼神，元元就觉得浑身上下无比舒畅，她特别享受这种感觉。有一天，元元刚回到家，“啪”的一声关上房门，把自己一个人锁在房间里，无论如何都不愿意出来。妈妈反复探询后，终于弄清楚了元元不高兴的原因。原来，昨天的语文测试，元元的同桌考得了唯一一个满分，元元只考得了95分。老师在全班同学面前大大地表扬了同桌，可是直到下课，老师一句也没表扬元元。元元怎么也接受不了老师和同学们的不理不睬，恨不得把同桌那张满分的卷子撕掉。

攀比心理是刻意在智力、能力、生活条件等方面将自己与别人进行比较，并希望赶超别人的一种心理状态。攀比心理外部表现为不愿落后于他人，超群好强，有时表现为物欲强的攀比行为。经过对案例的分析，我们发现造成孩子攀比主要有以下几个方面的因素。

1. 生活环境的影响。

随着社会经济的发展，人们生活水平也逐渐提高，人们对物质消费的要求也越来越高，对物质的追求出现了偏差，奢侈之风也在社会盛行。不少成人都或多或少会有互相攀比的思想和行为，他们并没有意识到自己的行为会对小孩子产生重大的影响。电视、网络媒体的一些负面报道也会使孩子的心灵受到一定的影响。

在案例一中，我们可以看出：林林周围的同学或多或少都受到了不良的价值观的冲击，他们羡慕班里的“大款”，称赞其“出手大方”。在他们的眼里，奢侈的消费是一种有能力和有“面子”的事情。林林在这样的环境中学习、生活，必定也受到了一定的影响。

2. 不恰当的家庭教育。

如今，大多数孩子都会受到家庭的宠爱。尤其是在独生子女的家庭中，全家人把所有的爱都倾注在一个孩子的身上。孩子想要什么，家长就会给什么。当看到别的孩子拥有的东西时，这些家长会认为自己的孩子也不能落后。于是，在吃的方面，家长会不加节制地给孩子购买零食，肯德基、麦当劳更成为孩子的“天堂”；在用的方面，各种品牌的文具、衣服、鞋子、电子产品、高档玩具，孩子想要什么家长就会顺着孩子的心意购买什么。家长对孩子的溺爱和迁就，必然会使孩子产生攀比心理。

在案例一中，林林的爸爸妈妈、爷爷奶奶、外公外婆对林林的各种要求总是无条件满足，这让林林变得越来越虚荣，也让林林养成了“有求必得”的依赖心理，当他的要求得不到满足的时候，必定会与父母产生矛盾。

3. 不恰当的学校教育。

在目前的教育背景下，学校、教师过分关注孩子的成绩和升学率，对孩子的心理健康发展没有特别的重视。在平时的教学过程中，教师也会或多或少地流露出攀比的思想。比如，教师会对孩子说：“你看某某同学，成绩多棒，他的爸爸妈妈多好。”事实上，教师在无意识中，也会对长相好、成绩好或者家庭条件好的孩子给予更多的关注和照顾。

在案例二中，元元就是一个常常得到老师、同学关注和照顾的学生，这让元元产生了无比的优越感，认为自己就应该强于其他同学。当她遭受挫折、得不到老师和同学的关注时，就产生了巨大的失落感，极度不平衡的心理让元元控制不住自己的情绪，也产生了扭曲的心理——想要撕掉同桌的试卷。

了解孩子

攀比心理的产生与孩子满足自尊心的需要有一定的关系。每个孩子都有受尊重的需要。一般来说，受尊重的需要可以通过许多正当的手段来获得满足。可是，一些孩子在受尊重的需要得不到满足，或者遇到某些挫折时，便会通过不适当的手段来获得满足。孩子一旦出现了严重的攀比心理，其价值观就会扭曲，会变得越来越不知足，看到别人有了什么新东西，自己也会想要。为了避免孩子受到攀比心理的困扰，父母需要清晰地了解四年级孩子的成长特点。

一、自我意识增强，更加关注他人对自己的评价。

孩子与同伴的交往通常是无拘无束、不带有任何功利性目的的。而且到了四年级，孩子会更在乎别人对自己的评价。

在生活中，很多家长在遇到孩子时都会不经意地问：你的学习成绩怎么样、你有没有受到老师的表扬等。如果孩子的学习成绩很好，家长会频频称赞，还会把这个孩子当成自家孩子学习的榜样，反复在自家孩子的面前进行评价。

这些评价行为会让孩子不自觉地把自己与别人进行对比。当自己在学习成绩上超越别人时，孩子就会产生一种虚荣心，沾沾自喜。当自己不如别人时，他们就会想尽一切办法战胜其他同学。他们认为：只有自己战胜别人，才能获得他人的认可。在这种心理的驱使下，有些孩子害怕别人学得比自己好，还有些孩子会因为担心别人超越自己而撒谎。有些孩子甚至因为心理长期得不到满足而产生嫉妒，严重的时候会出现伤害自己，或者伤害他人的行为。

二、攀比心理受身心发展的不平衡、天真幼稚的天性影响。

四年级的孩子大部分争强好胜，喜欢表现自己、炫耀自己，因此他们一旦有好玩好看的东西，就会迫不及待地在同学、朋友面前炫耀。听到同学的惊叹和羡慕，他们在心理上就会产生无比的满足感、自豪感。可以说，互相炫耀、互相比较是孩子的天性。

小波是宁波某小学四年级的学生，过春节的时候，收到了2万多元的压岁钱。新学期开学后，小波迫不及待地在几个同学面前炫耀自己收到的压岁钱："这是我外婆给的压岁钱，那是我姑姑给的压岁钱，这是我舅舅给的压岁钱。"说着，还从衣兜里掏出了一堆崭新的百元大钞，"一共2万多块呢，你们几个的压岁钱加起来还没有我多。"看着小波不可一世的样子，一个孩子忍不住了："看他那嘚瑟劲儿，打他。"几个孩子一拥而上，就这样打了起来。最后在班主任老师的调解下，这场纠纷才平息下来。

三、容易出现从众心理，受环境影响出现攀比现象。

四年级的孩子不仅会受到老师、同学、家长的影响，而且还会受到电视广播、报纸、网络等各类媒体的影响。随孩子年龄的增长，来自同学的影响会逐渐超过来自家长的影响。“别人有的，我也应该有”逐渐成为了孩子典型的理论。这个时候，因为孩子的心理和行为受情绪控制，缺乏理智，不能理解人的需求的满足是受一定条件限制的，无论父母怎样解释，孩子都不能接受。

刘刚在一所小学读四年级，他爱学习，但学习成绩不太好。受一些电视剧的影响，他对吃喝玩乐样样在行，衣服，鞋子一定要名牌的，每天早晨对着镜子摆弄半天头发，还吵着要去打耳洞，不然就威胁父母说不去读书了。他的父母为了让他好好学习，基本上都会满足他的物质要求，虽然家里能承受，但总觉得他的消费要求不像一个四年级学生所应该的。每次跟他说不要这样高消费，少把心思放在花钱玩乐上，他就扭头不理睬，根本听不进，还振振有词地说：“你去看看我们同学，我这算什么高消费？小巫见大巫！”还抱怨爸爸是乡巴佬，小气鬼，守财奴。

四、自我认识能力不足。

由于年龄还小，四年级的孩子还不能正确认识、评价自己，并不能准确地分辨什么是自己应该拥有的，什么是没有必要拥有的。特别是学习不大好的孩子常常会因缺少自信而追求一些外在的物质，以此寻求优越感，满足自己的攀比心理。

许多家长可能会纳闷，孩子天天只接触小朋友、老师和父母，他们为什么会产生攀比心理呢？接下来，我们一起听听孩子们的心声吧！

1. 我只是想证明自己不比别人差。

爸爸妈妈，我并不想和别人攀比。可是，我喜欢表现自己，希望自己是众人的焦点。只有这样，我才可以得到大家的喜欢和尊重。所以，同学们能做到的，我也要做到，而且要做得比他们更好。

2. 我需要与同学有共同的话题。

我和班里的同学如果有共同的玩具、学习用品，如平板电脑、相同牌子的衣服、相同牌子的玩具等，我们就会成为好朋友。如果没有这些共同的物品，他们就会排斥我，不再和我玩耍。所以，爸爸妈妈，我也需要朋友，需要有和同学们一样的物品。

3. 请耐心听我讲完。

我每次一提出想购买一些新的物品，可还没讲完，爸爸妈妈就会急切地打断我的话，并指责我不应该一味追求昂贵的东西，更加不应该和同学攀比。他们根本还没弄清楚我购买这些物品的原因，也不给我解释的机会，这会让我很有挫败感，也觉得很沮丧。爸爸妈妈的武断拒绝，让我觉得他们从不理解我。时间一久，我都不愿再和爸爸妈妈讲心里话了。

实施指南

四年级孩子的心理特点分析的结果显示，有攀比倾向的孩子，表现出来的外部攀比行为大多集中在以下方面：课业学习、服装打扮、学习用品、汽车接送、获得班主任表扬、担任班干部、获得家长零用钱、家庭条件、外表长相等。这是因为到了四年级，孩子会更在乎别人对自己的评价，尤其是老师、同伴的评价。这个时候，孩子的自尊心越来越强。他们爱争面子，看见别人拥有的，就非要拥有，不愿意落后于别人，在不知不觉中，慢慢就形成了攀比。为了改掉孩子的攀比心理，家长可以尝试从以下几个方面进行努力。

◆ 策略一：引导孩子进行积极的自我心理暗示。

引导孩子通过自我暗示的方式增强自己的心理承受能力，进而改变攀比的行为。自我暗示又称为自我肯定，是指通过对个体预期目标积极的叙述，实现头脑当中坚定而持久的积极认知，摆脱陈旧的、否定性的消极思维模式。

比如，当孩子提出“爸爸，我想要一辆新的自行车，我的自行车太旧了，和同学们出去玩的时候太丢脸了。妈妈，这种裙子每个同学都有，我能不能也有一条？我的鞋子太旧了，不好看，换一双最新的不好吗？”这些要求时，家长可以告诉孩子这样自我暗示：“我的车子虽然不如同学的新，但是我骑车的技术比同学好。衣服、鞋子只要干净，穿起来就是最好看最可爱的”，以此引导孩子进行积极的自我心理暗示，逐渐缓解甚至消除内心消极的情绪。久而久之，孩子盲目攀比的心理就会有所改变。

◆ 策略二：家长要停止对孩子的溺爱。

中国有一句古语：“惯子如杀子。”其实，家长爱孩子无可厚非，但还是要讲究适度。无限制的溺爱对孩子只有百害而无一利。父母的迁就、溺爱、纵容，会助长孩子的物质欲望，容易使孩子养成任性、自私、爱攀比的不良品性，这是每位家长都不愿意看到的。在家庭教育中，家长要把握好孩子需要和给予之间的尺度，鼓励孩子通过恰当的方式争取自己所需，去实现自己的理想，这才是理智的家长应该做的。

小弘是独生子，家境殷实，但父亲比较忙碌，母亲对小弘很溺爱。每天母亲都会给小弘很多的零花钱。就这样，小弘过着衣来伸手、饭来张口的日子，样样都要比别人好。后来，父亲事业滑坡，家庭经济状况大不如前，可小弘还是像以前一样，吃的东西、穿的衣服都要比同学好，为了有钱花，小弘想到跟同学换现金，用800元充值饭卡换取500元现金，宁可吃亏300元也要变现。因为家庭条件的改变，小弘不愿意与其他同学来往，长期待在房间里，身体日益瘦弱，面无血色，没有青少年应有的朝气蓬勃。

◆ **策略三：培养孩子正确的金钱观。**

金钱观就是对金钱的认识、分配与使用方法的思考以及行为模式。常言说："由俭入奢易，由奢入俭难"，正是忽略对金钱树立正确的观念所造成的。家长应该让孩子知道，钱不是天上掉下来的，也不是树上长出来的，而是劳动换来的，同时要让孩子了解家长赚钱的辛苦，懂得"金钱来之不易"，让孩子真正明白家长辛苦赚来的钱不是用来炫耀、攀比的，而是用来保证一家人的生活的。家长甚至还可以适当让孩子参与家里的财务管理，与孩子一起记录家里的开支。只有这样，孩子才会逐渐树立正确的金钱观，成为一个在经济上有责任感的孩子。

温和仁是一位金融从业人员。他上四年级的儿子花钱大手大脚，只要同学有的，不管价格多贵，一定要买到手，还常与同学攀比谁的名贵。为了改变儿子的坏毛病，温和仁想了许多办法都没有效果。一次理财讲座时，温和仁根据大盘指数短期波动、长期向上的特点，用漫画的方式生动、形象地介绍了指数基金定投的优势。听完讲座后，儿子一脸严肃地走到温仁和面前，表示要用自己的零花钱做理财。温和仁特别激动，过后又教会了儿子不少的理财知识。慢慢地，儿子要求买名贵东西的次数越来越少，与同学交流的不再是名牌，而是知识分享。后来，温和仁和儿子的关系越来越好，儿子也越来越懂事。

◆ **策略四：转移孩子攀比的兴奋点。**

想要教育孩子对自己的长处和短处有清晰的认识，实事求是地对待自己，家长可以运用转移攀比兴奋点的方法，让孩子明白为什么不能与人攀比。例如，看见别人有新玩具时，孩子通常会表现出自己也想要，这是孩子的本能反应。这时候，家长不妨根据小孩现有的玩具，问他（她）别的同学是否都有，使孩子的情绪趋于平稳。待孩子平静下来后，家长再跟孩子讲道理，让他（她）明白为什么不能攀比，这会让孩子更容易接受家长的意见。

◆ **策略五：家长要以身作则，全方位关心孩子。**

要想改变孩子爱攀比的习惯，家长要注意自己的言行举止。例如，有些家长经常对孩子说：“你看你们班的 ×× 同学，人家每一次的考试都比你好，还比你听话、懂事，一点也不需要爸爸妈妈操心。还有 ×× 同学，每次开家长会，都得到老师的表扬，我什么时候才能听到老师表扬你一次啊！弄得现在妈妈都不好意思去开家长会了，免得别的家长问起来，没有面子。”慢慢地，孩子就会经常把自己跟别人比。而且，在父母的不断攀比中，孩子的心理压力越来越大，可能会出现为了满足父母的期望而撒谎的行为。因此，家长在生活中要时刻注意自己的言行。

每个孩子身上都有着家庭教育的烙印。作为家长，我们要以身作则，主动改掉家长之间攀比的习惯，为孩子创造良好的生活环境。此外，家长还应主动让孩子了解家庭的真正经济状况，鼓励孩子好好学习，培养孩子的兴趣爱好，转移孩子对潮流的注意力。对孩子在生活上提出的一些要求，如买一块手表、买一件中档品牌的服装等，家长可以视能力酌情考虑，以免让孩子产生“越想要越得不到”的感觉。总之，家长要尊重孩子的内心世界和个别差异，不过分宠爱孩子，也不忽视孩子的正当需求。只有这样，家长才能真正促进孩子的健康成长。

◆ **策略六：宽容体谅孩子的攀比。**

无论是成人还是孩子，都是有虚荣心、攀比心的。作为家长，当我们看到自己的孩子爱慕虚荣、出现攀比的行为时，不要视其为洪水猛兽。虚荣心、攀比心的出现代表着儿童在成长过程中自我意识的增强，表明他们期待着展示出自己最美好的一面以赢得别人的认可和称赞。国家级心理咨询师史林说："孩子的虚荣心大多出于单纯而强烈的不服输的心理。适度的虚荣心也是激发孩子积极进取的内在动力。"因此，家长要体谅、接纳孩子爱慕虚荣的心理，并加以引导。

适度触"电"

——有节制地使用电子产品

案例分析

案例一：有效沟通的重要性。

一个四年级的孩子很迷恋网络游戏，有时玩得连饭也忘了吃。有一天中午，他的爸爸发现孩子在家里的书房里玩游戏，并等他将游戏打完后再一起吃午餐。在吃饭的时候，孩子意犹未尽，兴致勃勃地向爸爸介绍他玩的游戏。爸爸听完他的介绍，平静地说："我并不绝对禁止你打电子游戏，周末放松放松是可以的，但得有节制，不能因此耽误了学习。你的学习负担本来就不轻，学完后再来这里长时间用脑、用眼，对身体是好是坏你是最清楚的。你为什么不去参加体育活动，调剂一下大脑呢？"接着，父子俩就来了个约法三章：第一，学习任务完成以后可以玩游戏；第二，时间为1小时；第三，玩完游戏后第一件事就是做眼保健操。儿子遵守这“约法三章”，渐渐就不再沉迷于网络世界，而是会主动邀请与小伙伴一起去打乒乓球。

案例二：无法克制的欲望是走向迷途的一碗“迷魂药”。

小新是一名四年级的学生，父母因忙于做生意而无暇看管他。两年前，小新开始沉迷在网络里，学习成绩不断下降。有一次，为了跟朋友比拼游戏等级，小新周末几乎都待在自己的房间里，基本上只以方便面为食。当父母打开小新的房门时，发现小新两眼通红，头发乱蓬蓬的，神色呆滞。父母狠狠地责骂了一顿小新。可是打骂已经对小新不起任何作用了。网络就像一个魔鬼，上网的欲望让他渐渐迷失了自我。

随着孩子年龄的增长，孩子使用电脑、网络的机会和时间不断增加，调查显示：年级越高，孩子上网的时间越长；玩游戏是中小学生上网最经常的活动。电子游戏已经成为孩子生活中很重要的一部分。国外研究表明，2～17岁儿童平均每周花在电子游戏上的时间可达7个小时，男孩每周用于游戏的时间明显多于女孩。那么孩子们为什么如此迷恋网络呢？经过对案例的分析，我们发现原因不外乎以下几点。

1. 受到花样百出的手机游戏的诱惑。

由于受到竞争日益激烈的教育环境的影响，孩子在四年级就承受着超出自身年龄所能承受的压力。面对家庭和学校的双重监管，孩子歇斯底里地寻求一点自由的空隙。而花样百出的手机游戏新鲜刺激，正合乎小学生爱玩的天性。这个阶段的孩子自控能力差，好奇心强，容易冲动，一旦迷恋上网络游戏，明知会影响学业，却依然会上瘾，而且不能自拔。

在案例一中，爸爸的做法就非常好，面对孩子对网络游戏的迷恋，不是简单的压制和责骂，也没有回避，而是与孩子进行平等的交流，给出合理的建议，借助体育运动和同伴的力量转移孩子对网络游戏的兴趣。

2. 缺少父母陪伴，电子产品悄然代替。

作为家长，如果我们忽视了对孩子的陪伴、和孩子分享快乐、为孩子分担烦忧，那么孩子容易形成孤独、怪癖、自私的性格，不愿与人交往、沟通。我们常常可以听到孩子的埋怨，“好无聊，生活太没意思了”“父母今天又去应酬，没人陪我玩”。孩子需要弥补这种缺失的陪伴，于是手机、网络游戏、电视便成了他们的“好朋友”。

在案例二中，小新就是因为父母无暇管教而迷上了网络。当父母发现的时候，小新已经沉迷在网络的世界里无法自拔，迷失了自我。

3. 父母对电子产品的过度作用，加剧了孩子的好奇心。

我们常说父母是孩子的第一任老师，孩子是父母的镜子，你做什么他就学什么。著名的教育家苏霍姆林斯基就曾说：“对一个家庭来说，父母是根，孩子是花朵。父母常‘看到’孩子的问题，却不知这其实是自己的问题在孩子的身上‘开花’。”如果父母回到家中一有时间就拿起手机不放，如打电话、玩微信、看电影、追剧、打游戏……那么，孩子看见大人们捧着手机上网，乐此不疲，也就会对网络产生浓厚的兴趣，并希望从网络中获得对这份好奇心的满足。

4. 从众心理作祟，认为不懂网络会被人瞧不起。

进入四年级，孩子的从众、模仿心理会越来越强。他们认为别人有的东西自己必须也得有，否则自己会显得很落伍，很难合群。在实际生活中，我们发现孩子在空闲时间或放学路上探讨得尤为激烈的话题常常是：昨天晚上我上网把最新的电影看完了，《流浪地球2》也能看了；那个《王者荣耀》我打通关了；最近更新的一本网络小说，写得可真神了……而没有上过网或没有玩过网络游戏的同学只能站在一旁，静静地听其他同学的分享，羡慕之心油然而生。于是，这些与小伙伴没有共同话题的孩子回到家后就会找各种理由说服家长让其上网，以满足内心的渴望。

了解孩子

孩子沉迷电子产品是有原因的。小学阶段正是孩子喜欢玩游戏的时候，他们喜欢玩电子游戏很正常。作为父母，如果能够做好引导者的角色，为孩子提供使用电脑、玩电子游戏的指导，就可以发挥两者的积极作用。所以，作为家长，我们要了解这个阶段孩子的一些心理特点。

一、自我管理能力较弱。

尽管进入了四年级，孩子的自我管理意识和能力仍较弱。他们容易沉迷于手机和电脑游戏，对成人的监督有较大的依赖。事实上，自我管理对于成人来说，尚且是个考验，对于孩子来说，就更不容易了。

菁菁是一个四年级的孩子，老师向妈妈反映菁菁的自制能力较弱，遇事三分钟热度，课堂上任何一点新奇的变化，都能抓住她的注意力。比如，书法老师上课上到一半，菁菁要求举手发言，内容居然是："老师，您的裙子真漂亮，上面的花朵是真水晶还是假水晶？"弹琴弹到一半自己跑到走廊上去了，因为她发现走廊上飞来了一只鸟儿……

妈妈也发现菁菁在家里有类似的情况。比如，她明明已经与菁菁约好只能玩20分钟的电脑，可每一次闹钟响了，菁菁却不愿意停下来。经过一顿批评，菁菁就会委屈地说："游戏这么好玩，我就是控制不住自己嘛。"

二、时间观念较弱，不能很好地管理时间。

四年级的孩子大都是10岁左右。对于这个阶段的孩子，其时间观念还不够强，他们还不能很好地管理时间。因此，有时候孩子玩游戏的时间明明已经超过一个小时，可是他们还认为自己刚刚开始玩游戏。

陈芸是一个四年级孩子的妈妈，她家孩子喜欢玩平板电脑。为此，陈芸苦恼了很长时间。后来，她询问了一些家长的做法，就和孩子约定每天可以玩多长时间的游戏，作为条件就是孩子必须完成父母给他布置的任务。孩子一听可以玩游戏，就高兴地答应了。

陈芸以为这样就没事了，只是没想到接下来让她更生气，因为孩子玩游戏总超时，起初的时候她还很有耐心地提醒孩子，结果孩子一直都这样不守时。她生气地说："说好了只能玩半个小时，你看看现在超出了多长时间，你这样不守信，以后别玩了。"孩子一听以后不能玩游戏了也着急，他说："我哪知道半个小时是多长时间，明明我刚玩不久。"

三、获取成就感的欲望较为强烈。

简单的游戏可以让孩子得到放松，复杂的游戏可以让孩子挑战自我。在这样的动力驱使下，有些孩子会选择在虚拟的世界寻求成就感，希望用游戏缓解消极情绪，从而逃避自己在学校和家庭中紧张的人际关系和学习压力等。这些孩子大多在学校被冷落，得到的批评训斥较多，在家中得到的关怀较少。当他们在学习、生活上遇到挫折，却无法得到关心、理解和帮助时，他们就会无所适从。这时候，网吧往往就成了他们寻找心理安慰的理想场所。

在生活中，很多家长会因害怕孩子沉迷于电脑和手机游戏而武断地拒绝孩子使用电子产品。这是不可取的。那么，家长又该怎么办呢？或许我们应该先听听孩子们的心声！

1. 我迷恋网络游戏，只是因为缺少玩伴和陪伴。

每天回到家，没有兄弟姐妹的陪伴，爸爸妈妈总是很忙，根本没有时间和我说说心里话。除了不停地催促我完成作业，爸爸妈妈似乎就再也没有其他话可以说了。陪我出去玩更成为一种奢望。我每天放学后都觉得自己很无聊，于是就只能玩玩网络游戏了。这样至少可以让我不那么无聊，不是吗？

2. 我迷恋网络游戏，是因为可以在游戏中找到满足感。

每个人都希望自己可以得到别人的认可，大人有，我们孩子也有。我在学习上并不是优秀的孩子，所以爸爸妈妈从来不会表扬或鼓励我，而且经常还会埋怨或指责我。在现实生活中我无法受到重视，无法获得满足，于是只好沉迷游戏，因为在游戏中取得的成绩也会让我得到身边人的尊敬和崇拜，获得心灵上的满足。

3. 我迷恋网络游戏，是因为可以在游戏中得到放松。

爸爸妈妈，我知道你们“望子成龙，望女成凤”，所以除了上学，你们还给我报了名目繁多的兴趣班，希望我能远远超过其他同学。看到你们为我辛苦工作，我只能更加努力地学习。可是，爸爸妈妈，你们知道吗？你们的这种“爱”，给我带来了很大的压力。我觉得很累，每天都不能轻松地玩耍。只有在“网游”的世界里，我才能得到片刻的放松。

实施指南

四年级的孩子已经在日常生活中多多少少接触到了网络、电子游戏。与成人相比，孩子对时间的概念还处在十分模糊的状态。孩子这时对自己正感兴趣的事情更加没有时间观念，常常一上网就不知道时间为何物，忘乎所以地沉浸在手机或电脑游戏中。那么，家长应该怎么应对孩子所出现的上述问题呢？

◆ 策略一：家长要对电子产品有正确的态度。

家长要正视电子产品，坦然接受它只是孩子娱乐的一种方式，并不是罪大恶极的。家长既不要让孩子在玩的时候有内疚感和负罪感，也不要用强制打压的态度激起孩子逆反的心理，毕竟逆反情绪只会增强孩子玩电子产品的欲望。

家长可以指导孩子正确使用电子产品提高学习效率；可以指导孩子通过电子产品了解世界，开阔眼界；还可以指导孩子正确看待网络这个虚拟世界，辨别网络世界里的真善美和假恶丑，懂得保护自己的隐私，让孩子慢慢对网络有正确的认识。

例如，家长可以指导孩子学习正确的查找资料的方式，让孩子学会利用丰富的网络资源。在允许孩子使用电脑上网前，家长应该认真跟孩子介绍一些使用电脑、上网查找资料的方法。再比如，家长还可以告诉孩子如何在电脑中设置一个文件夹摆放自己的文件，如何收藏那些用于查找资料的网站，以及如何使用搜索引擎找到与学习有关的内容等。

◆ 策略二：提高孩子的时间管理能力。

面对沉迷于电子产品的孩子，很多家长往往会过度地“管”孩子，对孩子不断地提出限制性要求。尽管家长这样做是为了想让孩子学会自我管理，但事实上，家长已经把所有的“管理”都扛起来了，孩子就彻底失去了学习自我管理的机会。一个人的成功来自彻底的自我管理。自我管理是成功的前提，无论从事什么工作，决定成功的最重要因素不是智商，沟通技巧等，而是有目的、有计划的自我管理能力。为此，家长可以这样做：

一方面，我们可以试试运用“五常法”培养孩子自我管理的能力。“五常法”指的是常组织、常整顿、常清洁、常规范及常自律五项。“常组织”是引导孩子扔掉不需要的物品，分层管理物品，让孩子学会取舍。“常整顿”是引导孩子科学摆放房间物品，可以在短时间内找到所需的物品。“常清洁”要求孩子保持个人清洁，同时有责任去保持公共区域的清洁。“常规范”是指在家中设立一些全家人需要共同遵守的规则。“常自律”

是指父母根据孩子的表现给予一些奖励，再慢慢由“他律”变成“自律”。

另一方面，约定是一种有效限制孩子玩游戏时间的好方式。在规定游戏时间方面，“每周3次，每次1小时”要比“每天半小时”要好。这是因为，如果让孩子每天玩半个小时，就无法改变孩子每天都要玩游戏的习惯。

研究表明，经过时间管理的培训后，孩子管理时间的能力有了提高，沉迷于网络游戏的现象有了改善。时间管理的培训包括体验时间、计算时间、学习写计划、提高时间的利用效率。具体做法如下：①体验时间。家长可以让孩子分别感受1分钟、5分钟、10分钟的长度，以及在这些时间内可以做的事，增强孩子对时间的感知。②计算时间。家长可以让孩子在上网时计算所用的时间，增强孩子在上网时对时间的管理。③学习写计划。家长可以让孩子制定每天的时间安排，尤其是花在游戏上的时间，并监督孩子对计划的执行，帮助孩子养成科学规划时间的好习惯。

◆ 策略三：培养孩子阅读的习惯。

丰富的课外阅读能让孩子的精神世界得到满足，让孩子更理性地对待电子产品。此外，良好的阅读习惯会有效挤占阵地，不给其他无聊的行为留下更多的空间。对于一个从小有阅读习惯的孩子，阅读对他（她）来说也是魅力无穷的，会冲淡他（她）对电子产品的欲望。

有条件的家长可以在家里专门给孩子开辟一块阅读的地方，布置得温馨、舒适一些，让孩子愿意自主阅读。平时，多抽空带孩子到图书馆、书店等地方，让孩子静静地阅读，享受阅读的乐趣。家长还可以与孩子一起阅读。比如，家长可以和孩子约定将每天晚饭后的一个小时作为家庭阅读时间。一到这个时间，全家人都放下手中的活，静静地阅读自己喜欢的书。久而久之，孩子就养成阅读的习惯了。

◆ 策略四：做孩子的榜样。

要让孩子学会适度使用电子产品，家长必须以身作则，成为孩子的榜样。有些家长自己整天在客厅里看电视，孩子从自己的房间里跑出来想看一会儿，却遭到训斥。这些家长的理由是：我是大人了，工作了一天，很辛苦，并且现在我不需要学习，可以看电视。你是孩子，需要好好学习，需要完成作业，所以你不能看电视。有些家长甚至一回到家，就拿出手机当着孩子的面不停地刷，转过身来又教训孩子不应该玩电子产品。这种言行会让孩子觉得受到了不平等的对待，并潜意识地认为"学习"和"享乐"是对立的。孩子理性上知道应该去学习，可是天性中的享乐愿望又让他们非常想玩电子产品。这种矛盾让孩子非常不舒服，并会慢慢强化孩子对电子产品的渴望和对学习的厌烦。

"桃李不言，下自成蹊"，家长的行动比言语更有说服力。在家庭生活中，家长要尽可能减少环境对孩子的影响，主动避免当着孩子的面长时间地使用电子产品，积极引导孩子正确看待"学习"和"娱乐"的关系，并及时帮助孩子调整对电子产品的态度。总的来说，家长要在日常生活中时刻以身作则，为孩子树立正确看待和合理使用电子产品的良好榜样。

◆ 策略五：转移孩子对电子产品的注意力。

人们对于感兴趣的事情，往往能全身心投入。孩子的发展应当是全面的。因此，家长可以通过发现孩子的特长和爱好，主动培养孩子的兴趣，创造机会和条件让孩子发展自己的兴趣，享受其中的快乐，进而转移孩子对电子产品的注意力。例如，给喜欢画画的孩子报一个画画兴趣班；给喜欢滑轮的孩子买一双专用的鞋；给喜欢骑车的孩子买一辆自行车，并陪着他练习等。一旦孩子有了自己的兴趣爱好，花费在电子产品上的时间自然就少了。

奇奇放学回到家，写完作业后，马上坐到电脑前，熟练地打开了电脑，玩起了"通关游戏"。爸爸看到了，走过来对奇奇说："我们两父子很久没下棋了，今天来一盘？如果你赢了爸爸，爸爸就给你买你想要的篮球，怎么样？"奇奇一听，欢呼雀跃，毫不犹豫地关闭了电脑。

有一位家长的做法也非常值得学习。她给孩子班上几个都很喜欢玩游戏的同学的家长打电话，大家一起决定停掉周末一天的兴趣班，每个星期六让孩子玩半天，和孩子沟通，建议这几个孩子一起组队玩网游，还在小区给孩子找伙伴打篮球什么的。慢慢地，孩子确实玩了游戏，但是玩的时间就规律了，亲子关系也好了很多。

电子产品并非洪水猛兽，也无法回避。在家庭教育过程中，家长无条件的爱和陪伴才是帮助孩子抵御诱惑的力量。希望生活在数字化大潮中的家长都能与孩子好好沟通；希望每一个家庭都能充满爱，让孩子能在这个网络时代里健康快乐地成长。

提升情商
——教孩子与坏情绪说再见的方法

孩子与大人一样常有情绪变化，如愤怒、哀伤、失望、害怕、紧张等。从科学理论的角度来讲，情绪并没有好坏之分；但是，生活中积极的情绪可以引发好的行为，而消极的情绪则可能带来坏的行为。美国哈佛大学的教授丹尼尔·戈尔曼表示："情商是决定人生成功与否的关键。"因此，家长需要引导孩子不断积累提升情商的智慧，让孩子学会做自己情绪的主人，帮助孩子真正地与"坏情绪"说再见。

案例分析

案例一：引导不当，挫伤孩子的积极性。

香香是一个四年级的孩子。走在前往亲子活动现场的路上，香香激动地对妈妈说："如果主持人让我上台表演节目，那么我要不要参加呢？"妈妈表示，如果主持人让香香上台表演，一定会支持她，因为香香的舞蹈跳得特别棒!

亲子活动现场，当主持人邀请同学们上台表演节目时，许多同学都举起了手。香香刚要举手，妈妈却拦住了:“等一下，先让别的同学表演吧。”一直到最后，妈妈都没有让香香上台表演。

亲子活动结束了，香香对着妈妈吼:“你是个坏妈妈，你原来答应会支持我上台表演的，说话不算数。”妈妈也气极了，使劲推了一下香香:“你有什么可生气的，妈妈也是好心，怕你因表演不擅长的节目?被同学们笑而失去自信，再说了，表演有什么好的，为什么一定要去?”

案例二：互相理解，亲子关系和睦。

妈妈督促女儿背默古诗词，女儿好不容易默写了，又不愿意订正。妈妈忍无可忍，罚女儿把错的字词每个抄6遍。女儿一边抄写一边发泄，把字越写越重，甚至开始在本子上乱涂乱画。

妈妈看到了这一幕，走进房间，问女儿:“你在抄写你的愤怒吗?你就这么讨厌学习吗?”女儿一下子就哭了出来:“妈妈，我不是讨厌学习，这些天为了期末复习，我都快累死了，我好想放松一下啊!”妈妈没有回答女儿的抱怨，平静地说:“好的，我们休息一下再继续学习，心急吃不了热豆腐。”女儿欢呼雀跃。

在现实生活中，家长容易过于关注孩子的成绩，而忽略孩子的情绪。实际上，关注孩子的情绪比关注成绩更为重要。因为孩子情绪反映的信息更多，对孩子未来的发展也更重要。经过对案例进行分析，我们总结出孩子产生负面情绪的几点原因。

1. 与孩子的生理、心理特点有关。

四年级的孩子正处于成长的一个过渡期，心理特点和生理特点的变化也越来越明显。这个阶段的孩子逐渐可以进行较为复杂的分析，同时开始意识到自己不受大人控制，情绪波动比较大。在与父母、同伴等发生冲突的时候，四年级的孩子已经学会了寻找对自己有利的理由替自己辩护。此外，一旦自己的愿望得不到满足，孩子就会产生不良的情绪，并且会持续一段时间，直到得到有效的疏导才能缓和。

在案例一中，香香的妈妈不守信用，没有让香香上台表演，引发了香香与妈妈的冲突，香香上台表演的愿望得不到满足，从而产生了怨恨妈妈的情绪，最终导致亲子关系变得不和谐。

>>> 2. 学习压力过重。

某些学校没有按教学计划进行教学，一味地追求分数和升学率，几乎把全部的时间和精力都花在“语、数、英”三科的教学上，而忽略了“德、体、美、劳”等学科的教学。久而久之，孩子觉得学习紧张、枯燥，从而助长了孩子的厌学情绪。还有一些老师为了提高班级成绩，采用“题海战术”，给学生布置了大量的练习，机械、重复、枯燥的学习也让孩子产生了厌学的情绪。

此外，部分家长望子成龙心切，总是希望自己的孩子能成为学习上的佼佼者，将自己单方面的愿望强加于孩子身上，使孩子感到压力重重，难以承受。只要孩子的学习出现退步，家长就会埋怨甚至粗暴地打骂，让孩子对学习产生了恐惧的心理。一提到学习，孩子就产生厌烦、焦虑、愤怒的情绪。

在案例二中，妈妈的做法非常好。面对女儿因为学习产生的情绪，作为妈妈的她并没有跟着生气，也没有责骂孩子，更没有给孩子施加其他的压力，而是站在孩子的角度，允许孩子适当的休息，让孩子的情绪得到有效的疏导，并最终帮助孩子平复了情绪。

>>> 3. 家长不理智的处理方法。

很多家长抱怨孩子不考虑家长的感受，把家长的话当耳旁风。其实，只要家长能确保自己说的话是合理的，而且能从一而终地执行，孩子自然会信服。如果家长把自己根本做不到的事情强加在孩子的身上，那么孩子就会不相信家长说的话，从而逐渐失去对家长的信任。其实，孩子不听从家长的管教，大多是因为家长采用了错误的教育方式，如管教孩子太松或太严，这些行为的本意是为了孩子好，却采用了孩子完全不能接受的方式和方法。

在案例一中，香香的妈妈就是处理方法不理智，对香香的管教过严，没有给予孩子足够的空间，使得香香认为妈妈太过于专制，对妈妈产生了不满的情绪。

了解孩子

处在小学阶段的重要成长时期，四年级的孩子在伤心、生气或害怕的时候尤为需要父母的帮助。父母应了解孩子的情绪，帮助孩子学会平复情绪的技巧。此外，父母还要注意观察孩子的情绪，主动倾听孩子的诉说，以安抚的、非批评的语言与孩子交流，帮助孩子认识自己的情绪。为此，家长要对孩子的情绪特点有正确的认识和理解。

一、调节情绪的能力还较弱。

情绪调节能力是指管理和改变自己情绪的能力。这种能力是人类适应社会生活的必备技能之一。在儿童发展的过程中，情绪调节能力的发展是孩子情绪发展的核心部分，对孩子未来的情绪、个性和心理健康均有重要影响。

四年级的孩子已经能正确认识他人的情绪状态，如喜、怒、哀、乐等，并能在一定程度上理解他人情绪产生的原因。但是，他们的情绪调节能力还较弱，不能很好地控制自己的情绪。而情绪会对大脑功能、学习效果、环境适应方面产生影响。比如，如果长期沉浸在抑郁情绪中，孩子对事物的看法会改变，容易将失败和问题都归因于自己。此外，处于恐惧、焦虑、抑郁、敌意等负面情绪下的孩子，其学习效果也会大大降低。

二、情绪的丰富性不断扩展。

对于四年级的孩子来说，学习是他们的主导活动，因而大量与学习活动和学校生活有关的事物构成了孩子情绪的主要来源。学习任务顺利完成，孩子就会迅速产生愉快的情绪和情感体验。反之，则会产生消极的情绪。而且，孩子是在学校、班级这样的集体中学习和生活的，所以他们在集体中的地位以及与同伴之间的关系、与老师之间的关系、个人受到的要求和评价等，都会引起孩子复杂多样的情绪体验。

明明平时学习情况挺好，可是一到考试，就一下子紧张起来，脸立马绷得紧紧的，还会感到腿发颤、手发抖，思路好像堵塞了，头脑中什么都没有，什么也写不出来，只能对着试卷干着急。这种一到考试就紧张、害怕的情绪让明明苦不堪言。直到妈妈陪明明去咨询了心理医生，让明明懂得了“考试只是检验一个人知识是否掌握的一种手段，就算考不好也没什么关系。”这种考试焦虑的情绪才有所缓解。

三、情绪的深刻性不断增加。

与一至三年级的孩子相比，四年级孩子的情绪体验更加深刻了。比如，一至三年级的时候，孩子会因为家长有事取消去游乐园的计划而感到愤怒；进入四年级，孩子则会了解到家长实际是因工作忙而产生失望感。此外，孩子还会因为受到讥笑、不公平的待遇等而产生不愉快的情绪。

相信很多家长都碰到过这样的情况：孩子一不如意就会闹情绪，有的甚至大哭大闹，有些脾气暴躁的父母可能会怒斥孩子或对孩子动粗。其实，孩子情绪的背后都躲着孩子的“小心思”。了解了这些“小心思”，家长可以有效缓解孩子的情绪。下面我们来听听看孩子的心声吧！

1. 能给我多一点行动的自主性吗？

老师布置了做家务劳动的作业，还要交照片。我想好好地做家务，可是妈妈却说摆拍一张就好。我不愿意，妈妈又逼着我摆拍，还说是老师让她拍的，无奈之下我只好拍了。可是我的心里一点也不高兴。妈妈，你就不能给我行动的自主权吗？为什么强迫我一定要这么做呢？

2. 不要对我的失败不以为意。

每次我考试不理想的时候，爸爸妈妈总是说着同样的话：“没事的啦，只是一次考试而已，用不着这么伤心，下一次努力考好就行了。”爸爸妈妈根本不能感受到我的伤心，每一次都是这样敷衍式的安慰，一点也排解不了我难过的情绪。我多么希望爸爸妈妈能真正与我探讨考试不理想的原因，帮助我找到解决问题的办法。

3. 请充分尊重我的选择和感受，可以吗？

我妈妈在是美术馆工作的，我的成绩不是很好，于是妈妈就想让我学习美术，将来可以“特长生”的身份考上好的学校。可是我对美术一点兴趣也没有，每次一提出不想去学习，妈妈就会不停地唠叨，还批评我：“将来考不上学校你就知错了，妈妈这么做究竟是为了谁？一点也不懂得体谅妈妈。”每一次去上美术兴趣班，我都觉得好痛苦，总想着什么时候才能下课。那一段时间真的很难熬啊。

父母对孩子情绪的反应、亲子间关于情绪的谈话、父母自身情绪的调节能力，都会影响孩子调节情绪的能力。焦虑的父母往往难以传递温情和关爱，而更倾向于控制孩子，这会让孩子也变得焦虑起来，进而出现负面的情绪。

实施指南

被赏识、受青睐的孩子容易暗长自负自傲、孤芳自赏的不良情绪，从而脱离集体，有可能成为群体或集体中的“孤独儿”；那些不被赏识的孩子怨艾自卑，甚至自暴自弃，进而丧失自我发展的内在动力。那么，家长可以怎样帮助孩子与“坏情绪”说再见呢？

◆ 策略一：引导孩子正确认识情绪、表达情绪。

通过亲子之间的对话，家长适时教会孩子正确认识各种情绪，并引导孩子说出自己心里此时此刻真实的感受。只有知所想，才能知何解。平时，家长可以在自己有情绪的时候，趁机引导孩子知道“妈妈好高兴”“妈妈很伤心”等，让孩子知道原来人是有很多情绪的。当然，家长还可以通过“妈妈很生气，因为……”“我感到有点难过，是因为……”等语言表达方式，告诉孩子自己的情绪来源。同时，家长也可以问孩子：“你是什么感觉？妈妈看见你很生气、难过，能告诉我发生了什么事吗？”这样的话语可以让孩子及时表达自己的情绪，进而帮助孩子平复“坏情绪”。

语文课上，老师让同学们在小组内交流想法，孩子们都在积极地交流着。突然，老师发现小洁静静地坐在自己的座位上，不说话也不参与同学的交流。老师走过去，询问小洁：“小洁，你刚刚的想法表达得很好哟，有些观点我都没想到呢！你不继续了吗？”小洁不说话，老师感受到了小洁不愉快的情绪。“你是有什么不开心的事情吗？能告诉我发生了什么事吗？点头或摇头，眨眼也可以哦！”“因为刚刚他们都不理我，所以我就不想说了，反正都没人听……”在老师话语的不断引导下，小洁不断表达自己的情绪，并最终平复了“坏情绪”，重新加入了学习。

◆ 策略二：帮助孩子学会表达情绪的正确方式。

在家庭教育过程中，家长应主动告诉孩子如何正确表达自己的情绪。当孩子出现一些不太好的情绪表现（如愤怒时摔门、砸东西等）时，家长需要静下心来跟孩子沟通，告诉孩子正确表达自己情绪的方式，这主要包括以下几个方面：

①恐惧——家长可以告诉孩子：当你感到恐惧和害怕时，需要跟父母或者自己信任的人谈谈。我们都会帮助你的。

②关怀——家长可以告诉孩子：如果你很关心某个人，你可以直接跟对方说，也可以送一张卡片或画一幅画。

③伤心——家长可以告诉孩子：如果你感到很伤心，可以哭出来，也可以跟朋友和父母说说自己的感受，还可以写日记记录自己的心情。

④高兴——家长可以告诉孩子：如果你感到很开心，你可以表达出来。笑容和快乐能传递，会让别人感到很开心。

⑤愤怒——家长可以告诉孩子：如果你感到很生气，可以先深呼吸几次，再选择一种合适的方式发泄自己的愤怒，如跑步、打球、折纸等。

◆ 策略三：让孩子适当地宣泄“坏情绪”。

想要保持孩子的心理健康，家长需要让孩子适当地宣泄负面情绪。宣泄就是舒散、吐露心中的积郁，让孩子尽情地吐露自己的委屈、忧愁和怨恨等，以达到心理平衡。其实，当孩子宣泄了坏情绪，心情平复之后，家长会发现孩子比以前更懂事了，还会为自己的过激行为感到惭愧。

在家庭生活中，家长应随时注意指导孩子自我排除心理障碍，使孩子的悲观情绪、不良情感或心理障碍及时得到化解，避免孩子形成悲观的性格。比如，当孩子感到苦闷时，家长要让他（她）尽量诉说，发泄情绪，不要让他（她）的委屈长期压在心头，更不要不问青红皂白地批评、斥责。此外，家长还可以带领孩子参加户外运动，以转移孩子的注意力，减轻孩子的心理负担。通常来说，家长对待孩子的积极态度，往往是孩子乐观性格形成的重要因素。

实验证明，孩子用粗笔涂鸦的方式能有效消解孩子愤怒的情绪。除此之外，投掷小飞镖或投篮等活动也会对孩子情绪的调节有一定的效果。对于女孩子来说，家长可以专门在家中开辟一块“涂鸦角”，买块纤维板，专供其张贴涂鸦作品。对于男孩子来说，投掷飞镖或是练习跑步上篮，都可以让其宣泄负面的情绪。这些都是值得家长学习，并教给孩子的方法。

◆ **策略四：让孩子喜欢上一种运动。**

运动可以帮助人们缓解压力，调节不安情绪。因此，当很多人有“坏情绪”的时候，就会选择去慢跑、游泳、跳舞或者有节奏的体操。通过做这些有氧项目，人们能有效调节情绪，进而把“坏情绪”赶跑。作为家长，我们需要从小培养孩子喜欢运动的兴趣，让孩子爱上一种或多种运动。当发现孩子出现“坏情绪”的时候，家长可以陪伴着孩子一起去做其喜欢的运动。有了亲人的陪伴，再加上运动对体力的消耗，孩子自然能有效调节“坏情绪”，让身心得到充分的放松。

为了引导孩子喜欢一种运动，家长可以试试下面的方法：①让孩子学会以体育明星为榜样。家长可以引导孩子寻找有正能量的体育明星作为行动榜样，让孩子在体育明星的良好榜样影响下逐渐爱上某项运动，从而有效帮助孩子增强对运动的兴趣。②让孩子学会享受运动的乐趣。例如，家长可以和孩子一起观看一场足球比赛，或者经常带孩子去现场观看体育比赛，共同感受现场的热烈气氛，以此不断激发孩子的运动兴趣。③以身作则的行动更有说服力。运动不仅是完成肌肉运动的一个过程，也是一个非常重要的情感经历。家长应该多参与到和孩子一起的运动中，并及时表扬孩子在运动中所取得的进步，鼓励孩子不断地坚持下去。④帮助孩子结交一些喜欢运动的朋友。在生活中，家长可以给孩子找有同样运动爱好的小伙伴，让同伴的力量激发孩子的运动兴趣，这不仅可以让孩子学会坚持锻炼，而且可以让孩子在运动中收获深厚的友谊。

◆ **策略五：让孩子学会深呼吸的方法调节情绪。**

情绪和呼吸有着密切的关系。在情绪糟糕的时候，人的呼吸会紊乱。呼吸量、呼吸节奏、呼吸时间都会缩减。

一个人发火的时候，他（她）的呼吸会变得粗重、紊乱，嘴巴大口大口地开合，胸口起伏也会变得明显，肩膀有的时候也会抬高。这是因为人一旦笼罩在一种不安的情绪下，就会自然地变成短促的胸腔呼吸。而人在心情平缓的时候，他（她）的呼吸会逐渐慢下来了，呼吸量变大、呼吸时间变长了。在深呼吸的时候，大脑会分泌“血清素”，“血清素”又被称为“抗压秘药”，有镇定大脑的功效，能让我们从糟糕的情绪中解脱出来。

因此，在家庭教育过程中，当孩子出现“坏情绪”的时候，家长不妨让孩子试一试“腹式呼吸”，让呼吸慢下来，从而达到平复不安情绪的效果。“腹式呼吸”的方法大致包括以下几个方面：①取仰卧或舒适的腹式呼吸冥想坐姿，放松全身。②观察自然呼吸一段时间。③右手放在腹部肚脐，左手放在胸部。④吸气时，最大限度地向外扩张腹部，胸部保持不动。⑤呼气时，最大限度地向内收缩腹部，胸部保持不动。循环往复，保持每一次呼吸的节奏一致。细心体会腹部的一起一落。经过一段时间的练习之后，就可以将手拿开，只是用意识关注呼吸的过程即可。

总之，积极的情绪体验能够激发人体的潜能，使其保持旺盛的体力和精力，维护心理健康；消极的情绪体验会使人意志消沉，不利于身心的健康发展。作为家长，我们要引导孩子以积极乐观的心态来面对人生中遇到的各种困难与挫折，并在日常生活中多与孩子交流，多抽时间陪伴孩子，并学会读懂孩子的情绪，及时疏导孩子不安的情绪。只有这样，孩子才能学会以正确的态度保持对生活的自信心。

延伸拓展

一、阅读推荐

1.《拉斐尔时装店》(著者:[瑞士]吉尔马诺·祖罗;绘者:[瑞士]阿尔贝格娜;译者:梅思繁;出版单位:广西师范大学出版社)。

理由及建议:该书是一本非常具有教育意义的图书。作者用一种明亮、欢快的绘画,以一种有趣的方式重新刷新了时尚界对“普通”这个概念的认识与理解,以及人们的过度消费行为会造成的影响。通过与孩子共同阅读该书,家长可以引导孩子树立正确的金钱观、消费观,可以让孩子明白坚持自我、做独一无二的自己才不会迷失自己,帮助孩子养成不攀比、不跟风的好习惯。

2.《读懂孩子的情绪:理解孩子行为背后的感受和需求》(著者:朱芳宜;出版单位:中信出版社)。

理由及建议:该书系统地讲解了父母应如何通过孩子的行为,读懂孩子的情绪和需求,同时运用支持引导型的沟通方法来教育孩子。书中的观点既专业,又新颖、全面,切中了很多父母在家庭教育实践的“要害”。通过该书的阅读,父母能有效与孩子搭建起良好沟通、融洽相处的亲子桥梁,促进孩子的身心健康发展。

3.《少年发声:孩子们倾吐的树洞》(著者:陈瑜;出版单位:中信出版社)。

理由及建议:该书把为少年发声作为主题,收录了作者陈瑜与16位少年的真实访谈,力图帮助家长搭起与孩子有效沟通的一座桥梁,让孩子的心声被听见、看见。作为一本视角独特的亲子关系书,该书旨在倾听孩子的声音,展现孩子眼中的世界。对家长来说,该书是不可多得的一手资料,为家长打开一扇窗,了解现在孩子内心真实的想法。

二、视频推荐

> >> 微电影《网络妈妈》

理由及建议：该片讲述的是在一位普通下岗工人的家庭里，有一位俏皮、叛逆的初中女生贺嘉，她意志力薄弱，整天沉迷于网络游戏。贺嘉的父母用了许多办法，都不能改变她。无奈之下，贺嘉的母亲在网络论坛上发了一个《救救我的孩子》的帖子，最终帮助孩子改变了沉迷网游的不良习惯。通过与孩子共同观看这部电影，家长可以让孩子感受到来自父母的爱，同时能够让孩子进行自我反省，帮助孩子树立正确的网络观，并引导孩子合理使用网络为自己的学习、生活增光添彩。

评估改进

一、自我评估

您的孩子在日常生活中的实际情况与下面列出的表现是否相符？若相符，则选“是”，计1分；若不相符，则选“否”，计0分。

	是	否
① 您的孩子是否经常叫您给零花钱？	□	□
② 您的孩子想让您买的物品是否都是知名的牌子？	□	□
③ 您的孩子是否会向同伴炫耀他拥有的物品？	□	□
④ 您的孩子会因为喜欢同学拥有的某样东西而向你提出要求吗？	□	□
⑤ 您的孩子是否会将您与其他家长做比较？	□	□
⑥ 您的孩子平时会用您的手机玩网络游戏吗？	□	□
⑦ 您的孩子是否会因为玩电子产品而忘了写作业？	□	□
⑧ 您的孩子是否会缠着您购买电子产品？	□	□
⑨ 您的孩子是否会因为不能玩电子产品而生气？	□	□

	是	否
⑩ 您的孩子平时玩电子产品的时间是否超过半个小时？	□	□
⑪ 您的孩子是否需要监督才能做作业？	□	□
⑫ 您的孩子是否经常会无缘无故发脾气？	□	□
⑬ 您的孩子平常不喜欢与您聊天、谈心。	□	□
⑭ 您的孩子是否经常莫名地伤心，又不愿向您透露原因？	□	□
⑮ 您的孩子是否会因为考试不好而出现失控的行为？	□	□
⑯ 您的孩子在学校里是否会经常与同伴发生冲突？	□	□
⑰ 您的孩子会不愿意晚上独自睡觉，而且常做噩梦。	□	□
⑱ 您的孩子是否会在情绪不好的时候用语言或行动攻击别人？	□	□
⑲ 您觉得您的孩子在人际交往上是否存在问题？	□	□
⑳ 您的孩子是否一回到家就把自己关在房间不愿出来？	□	□

【评估参考】

A. 如果您得到0～6分，那么说明您的孩子没有攀比心理，也没有网瘾问题，情绪比较平稳，平时不会出现太多的坏情绪，即使出现，也能够及时处理情绪。

B. 如果您得到7～14分，那么说明您的孩子有时候会有与他人攀比的心理，对电子产品产生了浓厚的兴趣，并且不能自控，需要您从外部给予孩子一定的监督和控制。出现了中等的情绪问题，您要多与孩子沟通，教会孩子一些处理坏情绪的方法。

C. 如果您得到15～20分，那么说明您的孩子在物质、学习、生活上有严重的攀比的心理，有了一定的网瘾，出现了严重的情绪问题。孩子不懂得如何处理自己的问题，急需您的帮助。

二、改进计划

亲爱的家长，您好！阅读本专题后，您应该对如何引导孩子养成不攀不迷的好习惯有了更深入的了解。下面请您结合实际情况，写出自己的改进计划，并逐项完成。

第六专题　家校和谐共育才

著名教育家苏霍姆林斯基说：“两个教育者——学校和家庭，不仅要一致行动，要向孩子提出同样的要求，而且要志同道合，抱着一致的信念，始终从同一原则出发，无论在教育的目的上，过程上，还是手段上，都不要发生分歧。”学校与家长之间应是一种相互沟通、理解、帮助的互补关系，因此学校教育与家庭教育的目的应该是一致的。

通过家校共育的方式，家长和老师才能更全面地了解孩子，引导孩子对自己有一个全面的认识，对自己做出一个全面的评价，更好地成长。如果老师在学校只看见孩子上课开小差却不知道他晚上要帮家里干活贴补家用、只看见孩子打架却不知道他的家长有暴力倾向、只看见孩子孤僻却不知道他缺少父母的关爱，那么老师怎么能从一个客观的角度去了解和评价孩子呢？同样，如果家长在家里只看见放学回家脏兮兮的孩子就不分青红皂白地斥责孩子，却不知道孩子是在学校帮助了同学时因为摔倒造成的；只看见孩子的平庸，却不知道孩子只想做个鼓掌的人，在班级是人缘最好的；只看见孩子和成绩一般的小伙伴玩得不亦乐乎就横加阻拦，却不知道那个小伙伴曾经帮助了你的孩子，并且是一个诚实勇敢的孩子，那么家长也无法正确、客观地评价和引导孩子。

孩子在学校里犯了错误，老师会批评指正；同样，在家庭环境中孩子犯了错误，家长也要及时予以批评指正。对于孩子的优点，家长要及时予以赞扬和鼓励，不能因为担心孩子骄傲而不表达出来。家庭和学校的教育对于孩子而言就宛如人的左右手，二者缺一不可。

重视家访
——从不同角度了解孩子

案例分析

小海的爸爸在工地干活时，接到班主任的电话，得知老师要去家访。小海这个学期好几次考试成绩都下滑了，上课容易打瞌睡，还经常迟到，不能按时交作业，和同学也容易发生矛盾。在课余时间里，小海也时常在活动中和同学发生冲突，甚至动手打人。

班主任到了小海家里家访，发现屋里只有奶奶一人躺在床上，爷爷生病去世了，小海小小年纪要一边上学一边帮奶奶干农活，还要照顾生病的奶奶。而另外一边，小海的父母离婚了，妈妈离开了家。爸爸靠干着繁重的体力活才勉强糊口，对小海的管教经常不是打就是骂，以致小海也越来越叛逆。

针对小海的具体情况，班主任和小海的家长进行了有效沟通，最终让小海的学习和生活回到了正轨。

在孩子的成长过程中，家访是每一个家长都经历过的。小海的爸爸接到老师要来家访的电话时，他潜意识是认为自己家的孩子惹事了，所以老师才来家访，潜意识里对老师的家访是排斥和害怕情绪夹杂着。那么，家长在接到孩子班主任的电话或收到信息时，为什么会不愿意老师进行家访呢?

1. 恐惧心理。

家长一听到老师说来家访，首先反应就是“我的孩子是不是在学校犯错误了？不然老师好端端的怎么突然会想到来家访？我该怎么办呢?”觉得老师来家访是一件严重的事情，不知如何是好。这类家长对于老师家访会有一些恐惧的情绪，以固有的思维模式去揣测，认为孩子犯错误了，老师才会来家访，并错误地认为老师肯定是来向家长兴师问罪的。

2. 敌对心理。

也有一些家长认为“老师怎么又要家访啊？工作都忙不过来，哪还有时间陪老师聊天呀？真是烦死了！”这类家长对于老师的家访持有厌烦和抵触的情绪，不欢迎老师来家访，认为老师来家访占用了自己的时间，耽误了工作。

3. 轻视心理。

还有一些家长觉得：“老师每个学期都会来家访，走走过场，也没见有什么新奇，无所谓了！”这类家长认为老师的家访不关自己的事情，孩子去了学校就由教师来教育，老师来家访也不过是工作需要，要家长配合做好工作罢了。

以上几种的现象都反映出了家长对于家访的不重视，一方面是由于家长没有意识到家访的重要性，另一方面是家长和教师之间缺乏一定的了解和沟通。对老师来说，如果没有家访，就难以了解到孩子真实的家庭情况。如果老师只看孩子在学校的表现，就容易给学生贴上一些标签，这样的做法是片面的，对孩子来说也是不公平的。因此，当发现学生一些异常的行为时，老师会及时地家访。这时候，作为家长，我们就应该积极配合并且重视老师的家访，全面了解孩子在学校的情况，并向老师如实反馈孩子在家时的状态。只有家校及时沟通，才有利于孩子的身心健康发展。

了解孩子

四年级的孩子正处在从低年级向高年级的过渡期。这时候，孩子的思维方式开始转变，可以说四年级是儿童成长的一个重要时期。孩子不再像三年级以前那样，一回到家就迫不及待地向家长诉说在学校发生的事情。四年级孩子的心理有了微妙的变化，喜欢把事情放在心里。在这个阶段，如果家长不仔细观察，就难以发现孩子的变化。因此，家长在这个阶段需要更加注意与学校的沟通，及时了解孩子在学校的表现，以便能清晰地认识和理解孩子在这个阶段的成长特点。

一、自我意识“觉醒”。

孩子大多数会在四年级前遵从家长和老师的意见，不会过多地深究思考“为什么”，他们认为家长和老师的话就是真理。但是到了四年级，孩子的思维能力迅速发展，他们开始有了自己的独立思维。由于自我意识不断觉醒，孩子开始不愿意把在外面的事情告诉家长，自己家里的事情也不愿意告诉老师。有些孩子甚至容易固执地认为，自己已经是“小大人”了，有能力独自解决遇到的问题。

二、学习的“畏难”情绪。

进入四年级，由于学习难度提高，孩子需要拿出真本事，稍有马虎就有可能会使学习退步。这是因为：四年级的数学题开始与实际生活联系；语文注重记忆与阅读的结合，要求学生掌握较多的阅读知识；习题量也在持续增加。同时，四年级的孩子也开始思考：我为什么要学习？学习不好会怎样呢？如果父母在这一时期还是以命令的方式要求孩子学习，就很容易引起孩子的反感，使得孩子错误地认为学习是一件很辛苦、很艰难的事，甚至是仅为了满足父母要求的事，故而就容易对学习产生厌烦和畏难的情绪。因此，父母要给予孩子适当的监督，并加以引导，及时帮助孩子分析并解决学习中遇到的问题，有效缓解孩子的畏难情绪。只有这样孩子才能不断提高学习效果，真正感受到学习的乐趣。

三、逐步建立自己的朋友圈。

随着年龄的不断增长，四年级的孩子开始重视建立属于自己的朋友圈。在一至三年级时，孩子主要受父母和老师的影响，他们总是以父母和老师为榜样，对自己的评价也是以父母和老师的评价为主。此外，孩子与同伴交友的方式一般也是先观察，后加入一群小伙伴，与大家一起玩，不具有明显的个人喜好。孩子到了四年级后，同伴交友模式发生了质的转变：父母和老师的地位在孩子心中开始下降，孩子之间的友谊地位会逐渐上升。孩子开始逐步建立自己的朋友圈。有困难时，孩子们会互相帮助，同时也开始更加注重朋友对自身的评价和自己在朋友中的威信与地位。孩子在交友中所受到的影响不仅体现在学习方面，而且在品德方面。这个时期，父母可以传授孩子一些交友技巧，帮助孩子树立正确的交友原则，并主动与老师沟通联系，了解孩子在学校的交友情况，同时也要给予孩子一定的交友空间，让孩子有机会自主地选择志同道合的朋友。

四、孩子习惯的定型期。

四年级是培养孩子习惯的一个“分水岭”。在此之前，如果孩子养成了良好的学习、生活、行为习惯，那么这些好习惯将会伴随孩子一生；如果孩子的生活、学习、行为习惯还有所欠缺，父母最好在这个时期进行一些矫正训练。对于这个阶段的孩子来说，他们的思维能力还处在初级阶段，还没有定型，意志力的发展方向也正逐渐由他律过渡到自律。四年级的孩子还可以通过克制自己，主动培养一些好习惯和改正一些坏习惯。因此，家长不仅要重视在家里对孩子进行行为习惯的培养，还要与学校保持步调一致，多与老师沟通，以便及时了解孩子的行为习惯。这个时期，孩子想获得更多人的赞美性评价，喜欢表现自己，家长可以通过积极暗示的方式来引导孩子。

五、孩子道德情感的重要转折期。

四年级的孩子在道德的认识与评价方面，正在由只注重行为的效果，逐步向全面地考虑动机和效果的统一过渡。因此，对于这一时期的孩子的叛逆，家长要注意及时调整自己对孩子的评价，要以发展的眼光来看待孩子。从道德情感方面来讲，家长的粗暴对待会使孩子越来越叛逆，使孩子的道德水平越来越低下；而家长的理解和尊重则会让孩子更加愿意与家长沟通，从而使孩子的道德水平朝着良性的方向发展。

通过以上对孩子的了解，我们能得出：家长应当对老师的家访重视起来，积极做好家校沟通，更加全方位地帮助孩子快乐成长。进入四年级，孩子所参加的学校活动会不断增加。这时候，家长需要更多耐心，主动与学校配合，积极帮助孩子在学校的活动中做得更好，而不应该当起“甩手掌柜”，或者应付式地对待孩子的需求。接下来，我们一起来听听孩子对父母的真实想法吧！

1. 多一点关心，可以吗？

爸爸妈妈，我知道你们工作很忙，也很辛苦。平时我也会很自觉地做好自己的事情，不让你们担心。可在学校举行的运动会上，当看到其他同学都有父母相伴而我只能独自参加时，我感到非常难过，也很无助。我多么希望爸爸妈妈能抽空多与我一起参加学校的活动，多关心我内心的感受，这会使我更有信心向前冲。

2. 多一点耐心，行吗？

爸爸，你知道吗？四年级的我并不是无所不能的。很多时候我依然需要你的帮助。比如，当老师布置了一项手工制作的课外作业时，我虽然知道自己想要做的事情，可在实际制作的过程中还是会有很多困惑。但每当我向你求助时，你总会说：“我很忙，要不你自己去街上买一个吧！”这让我觉得很无力。我真希望爸爸能对我的事情多一点耐心，让我体会亲子共处的乐趣。

总的来说，四年级的孩子需要家长的理解和尊重，也不再是“唯父母是从”。随着孩子独立意识的逐渐形成，家长需要转变对孩子的管教方式，同时多与学校的老师进行积极沟通，及时了解孩子在学校的状况，并向老师真实反映孩子在家的表现，在学习生活交友上多给予孩子鼓励和积极的引导，在孩子的成长关键期把握好管教的方向和尺度，给予孩子尊重和基本的信任，让孩子朝着健康的方向成长。

实施指南

“亲其师，则信其道；信其道，则循其步”。亲近是做好教育的前提和基础，而家访正是一条暖心的纽带，是温情教育的重要方式。更重要的是，老师通过家访可以和家长面对面聊一聊，增进彼此的信任，更全面地了解孩子“成长的烦恼”，进而为因材施教提供更多依据。家访能帮助老师了解孩子，而了解孩子是教育的起点。在老师家访的过程中，家长应尽量让孩子一直参与其中。那么，家长和孩子能够一起为家访工作的顺利开展做些什么呢？

◆ 策略一：提前为家访做好准备工作。

1. 心态平和。

有些家长一听老师要来家访了，就会担心是不是自己的孩子在学校闯祸了，也有些家长会觉得老师来家访是一件严重的事情，其实老师家访是一件普通的事情，家长应该保持平和的心态。

2. 提前告知。

家长接到老师家访的通知时，提前告诉老师家里的具体地址，询问老师的到达时间，提前到门口以微笑迎接老师的到来。

3. 打扫卫生。

家庭环境是折射出家庭的一面镜子，家庭卫生直接反映出家庭的生活态度。家长在老师家访前，主动和孩子一起打扫卫生，特别是孩子的房间，给老师留一个好印象。

4. 整理书架。

老师家访的时候，一般都会注意家里的书架上摆放哪些图书，以及哪些是孩子的图书。家长和孩子可以事先一起整理书架，让孩子的图书摆放整齐。课外阅读对孩子来说相当的重要，当老师知道孩子读过哪些书之后，就对孩子有了一个基本的了解。

5. 注意礼仪。

家长和孩子都换掉居家服，穿上干净整洁的服装；同时，家长还应准备茶水，教孩子给老师递上一杯水，表达对老师的尊敬和感谢。

策略二：掌握家访时的重要注意事项。

1. 不和孩子抢话。

当老师和孩子在交谈的时候，家长要学会多聆听少插话，要让孩子主动与老师进行交谈。在孩子和老师需要家长回应的时候，家长再适时给出应答。总之，在家访的过程中，家长可以试着把谈话的主动权让给孩子。

在老师进行家访时，有些家长喜欢请老师特别照顾自己的孩子，但对于老师来说，每个孩子都是需要一视同仁的。因此，家长在家访的过程中最好不提出这样的请求，以免让老师为难。

2. 说说孩子平时的兴趣爱好。

家长在家访中，除了和老师谈孩子的学习，还可以向老师介绍孩子的兴趣爱好，课余时间孩子都参加过哪些兴趣班，有哪些特长，在家喜欢做什么事，周末或者节假日一般是如何度过的，等等。

3. 说说孩子平时在家的表现情况。

在家访时，父母可以主动分享孩子参与家庭事务的情况，如是否爱做家务，是否会主动帮助父母照顾弟弟妹妹，是否懂得主动分享美食，是否会攀比吃穿，对家里的长辈和父母是否尊重，是否能够整理自己的放假和上学用品，早上能否自觉起床，等等，让老师了解孩子在家的一些表现情况。

4. 主动向老师了解孩子在学校的情况。

在家校共育中，家长应配合老师一起实施有利孩子成长的教育方法，有不同的看法或者建议可以与老师协商一起处理。特别是在《中华人民共和国家庭教育促进法》施行以后，家长可以向老师多请教一些教育的方法和理念，根据孩子的特点，采取不同的教育措施，多关注孩子在学校的表现，以及需要改进的地方。在家访时，家长应虚心地接受老师对孩子的评价，重视孩子在学校的情况。

◆ 策略三：抓准老师家访时的关注点。

教师与学生是一种社会关系，而家长与孩子是一种亲情关系。孩子还在小学阶段，势必会受到来自家庭教育的重大影响。对于小学阶段的孩子来说，无论是情感上、价值观上、还是求助系统上，孩子都需要家庭的支持。因此，家庭给什么，孩子就会接受什么。而一些不正确的家庭教育会影响着孩子的人生。在教育孩子的过程中，老师要及时发现孩子的问题，并及时家访。家访是促进教育发展的一种很有效的方法，教师、家长、孩子三者促膝谈心，能拉近相互间的距离。当然，不同的孩子往往会有不同的特点，老师在家访时通常主要看以下几个方面，家长对此要铭记于心。

1. 看习惯。

老师来家访，首先看孩子在家是什么状态。孩子良好的习惯是靠平时家庭教育积累养成的。例如，孩子能不能独立完成作业；是不是爱惜自己的东西，拿出的东西会不会归回原位；与家人说话的语气和态度是否随和，等等。

2. 看沟通。

家访的时候，老师一般会和家长聊得比较多。其实这个时候，老师也会偷偷观察，孩子在干什么。有些家长为了给老师留个好印象，让孩子提前背诵表演，这是不可取的。孩子想发表自己的意见时，家长不要插话，毕竟倾听也是一种良好的习惯。

3. 看父母。

家访时，老师也会观察父母的言行举止，以及对孩子教育问题的参与度。通过看孩子与家长的互动，老师可以大致判断出孩子的教育问题是谁在主抓。例如，有些家庭是双职工家庭，孩子的爸爸妈妈工作都比较的忙，使得家里的事情，包括孩子的教育问题都由爷爷奶奶承担。在家访过程中，老师提出的所有问题几乎都是由爷爷奶奶回答，爸爸和妈妈很多都说不知道。这些小细节都是父母双方在家庭教育中参与度不高的重要体现。

4. 看房间。

现如今很多孩子都拥有自己的房间或相对独立的学习空间。老师在家访时也会到孩子房间看一下。看看孩子的房间是否整洁，玩具和书本整理得如何，这些小细节都可以看出孩子的生活习惯，也折射出孩子的学习习惯。

5. 看家风。

好的家庭家风让人如沐春风，家长的举止落落大方、言语得当都会从孩子的身上体现出来。老师也会询问邻里间的关系如何，家人如何相处等。

◆ 策略四：及时反馈家访后孩子在家的改变。

在老师家访结束后的一周内，家长需要及时地和老师沟通，向老师反馈孩子在家访后的变化。之所以要这样做，主要是因此：一方面，孩子的进步能够及时地得到老师的关注，从而增强孩子的自信心，有利于孩子继续朝好的方面努力；另一方面，家长也能够从老师那里及时得到孩子在学校的最新表现，有利于家长和教师探讨出适合孩子的教育方法，共同促使孩子进步。

总的来说，家访是一座家长与教师沟通的桥梁，孩子是这座桥梁的中心。只要家长和老师齐心协力、互相配合、互相信任，共同做好孩子的引导者，那么孩子在四年级这个过渡阶段就会少走弯路，并在家校合作的共同作用下健康成长。

双向评价

——引导孩子思考自己的优缺点

案例分析

琪琪是小学四年级的学生，性格活泼开朗，担任学校里的学生干部，平时也积极参加学校的各种活动。在老师和同学眼里中，琪琪是老师得力的小帮手、同学的学习榜样。但是在家里时，琪琪却是另外一番景象，由于是独生女，爷爷奶奶外公外婆都非常宠爱她，琪琪从小想要什么玩具，老人都想方设法地满足，也从不让琪琪做一点家务，还美其名曰“女孩子是要富养的”，只要求琪琪成绩好就可以了，家里的事情自然有大人操持。渐渐地，琪琪在长辈们的呵护下长大了，虽然在学习成绩上很好，但却养成了娇生惯养的毛病，也很喜欢以自我为中心，但爷爷奶奶总是护着她，说“等长大点就会懂事了的”。长辈们对于琪琪的要求百依百顺，养成了她衣来伸手，饭来张口的习惯，也从不主动帮家里做家务。不管做什么事情都需要父母的表扬才做；做得不对的事情，父母稍加批评就发脾气。特别是到了四年级后，一不高兴就把自己反锁在自己房间里，任凭大人怎么哄都不搭理，父母多问几句就大发脾气。

从案例中，我们可以看出，随着生活条件的改善，越来越多的家庭都不再需要孩子帮忙做家务。爷爷奶奶对琪琪的唯一要求就是“好好读书”，在物质条件上也是尽力地去满足。琪琪在学校表现比较优秀，是因为有老师和同学的缘故。这个时期的孩子更看重自己在同伴心中的地位和威信，尤其喜欢获得别人的肯定和赞美。但琪琪是家里“独生”的孩子，在家庭里没有年龄相近的伙伴，没有与兄弟姐妹共同生活、交往的经历，长辈对琪琪的关爱反而更多。通过分析，我们发现家长的教育之所以容易出现失误，主要有以下几个方面的原因。

1. 轻易满足。

孩子要什么就给什么。有的家庭经济比较宽裕，父母随手给孩子的零花钱比较多，允许孩子想要什么就买什么，这样很容易让孩子养成不珍惜物品、追求物质享受、浪费金钱的不良习惯，同时也很容易使孩子认为生活没有约束，只要我想就必须得到，变得不考虑别人的感受。

2. 特殊待遇。

孩子在家庭中的地位很高，处处享受家庭的特殊待遇，如吃“独食”、开“小灶”等。好的东西要放在孩子面前，并且只能由他独自享用，这样的习惯容易让孩子变得自私，不会关心他人。当家长都把关爱投注到孩子一个人的身上时，孩子会以为自己永远是中心，从而缺乏爱心，只懂得索取，不懂得付出。

3. 当面袒护。

当孩子做错了事，如果家长对孩子错误的行为采取了过于温和的态度，会导致孩子根本没有意识到自己的错误行为。如果孩子犯错没有得到及时纠正，反而被大人偏袒时，孩子容易形成“下次我还可以继续这样做”的观念。一旦形成了习惯，孩子将难以改正。

有时爸爸管孩子，妈妈会站出来护着孩子：“不要太严了，孩子还小呢。”也有父母管教孩子，爷爷奶奶会插手站出来帮孩子说话：“你们不能太严格了，打坏了孩子怎么办？等他大了自然会好；你们小的时候，还远远没有他好呢！”这样的孩子当然是“教不了”啦！因为孩子完全没有是非观念，而且时常有他人做“保护伞”，或者提供“避难所”。

4. 父母受控。

有些家庭只有一个孩子，父母往往更放纵孩子。久而之久，孩子便有了一套对付父母的办法，以此要挟父母，让父母不得不满足孩子的要求。例如，有的孩子需要家长边哄边求（如答应给孩子买玩具）才写作业睡觉；只有家长答应孩子周末去游乐场，孩子才会写作业。孩子的心理是：家长越央求他，他越忸怩作态，这让孩子不但不能明辨是非，而且无法养成具有高度责任心和落落大方的性格，使得家庭教育的威信也随之丧失殆尽。

5. 生活懒散。

有些家长会允许孩子的饮食起居、玩耍时间没有规律，如想看电视就看电视、想吃零食就吃零食，以及晚上玩手机、玩电脑到很晚才去睡觉等，这会使孩子养成不良习惯。这样的孩子长大后很容易被不良的社会风气带坏。

总的来说，这个时期孩子容易表现出两面性，在学校是一个样，回到家又是另外一个样。但无论怎样，家长在家庭教育中既要正视孩子的缺点，也要看到孩子的优点；当别人看到孩子的优点时，家长要看到孩子的不足，并且也要及时提醒孩子改进。家长不管任何时候应保持清醒的头脑，一分为二地看待问题。若平时家长在处理事情时能够保持积极乐观的态度，那么孩子也会受到熏陶，并在潜移默化中养成积极乐观的心态。家长在对孩子进行评价时，既能对优点予以肯定表扬，也能对缺点进行批评，并引导孩子改正。只有这样，家长才能让孩子明白自己的优缺点以及日后需要努力的方向。

了解孩子

四年级的孩子对自我有了一定的认识，并且随着年龄的增长，这种认识会逐渐加深。四年级的孩子不会再像低年级的时候任由家长“摆布”，孩子的心理发生了较大的变化。这时候，家长要对孩子有一个重新的认识和判断。

一、抑郁与孤独。

四年级的孩子随着年龄的增长，对自我的认识加深了，这主要表现为：对外界事情的兴趣减少，喜欢沉浸在自己的世界中。这时期，在家长孩子心中的地位略有下降，同伴关系的位置上升。孩子更喜欢与自己的同伴进行交流分享。这时候，孩子如果缺少朋友，就很容易产生孤独感。长此以往，孩子容易出现抑郁的倾向。

上了四年级后，小美回到家就不再像以前那样叽叽喳喳和父母说在学校里面发生的事情，她喜欢把自己关在自己的小房间里，有时候就是想一个人静静地坐着，不喜欢被打扰，不喜欢被妈妈拉去各种亲戚家里玩，她觉得父母都不懂她的世界。

二、勤奋进取但又容易自卑。

四年级的孩子对自己喜欢的事会勤奋进取，但在孩子自认为可以取得好成绩却遭受失败的时候，他们往往很容易自我放弃，不愿意再付出努力。由于受到这种害怕失败的心理的影响，孩子对自我的认知更加容易出现偏差，进而产生一些糟糕的想法。有些孩子甚至会错误地认为一次失败就断定自己不行。长此以往，孩子会因没有及时得到家长的开导和正面的肯定而无法树立信心，就容易形成自卑心理。

在一次家庭聚会上，梅梅的小表妹给大家表演了唱歌，得到大家的一阵阵掌声。于是，梅梅的妈妈也想叫梅梅给大家弹奏一首曲子，可是梅梅不愿意。虽然梅梅对曲子很熟悉，但是自从在比赛中因过于紧张弹错几个音符落选后，她就认为自己不是弹钢琴的料，所以再也不想、也不敢在大众面前表演，以前自信的梅梅不见了。

三、积极与懒惰。

有的孩子在学校时无论是在学习上还是在其他班级活动中都表现得很积极，但是一回到家就有消极的情绪，行动上远离学习，能拖拉就拖拉，家长越催越慢。之所以出现这样的反差，主要是因为孩子在家缺少做事情的动力。在学校时，老师的激励、同伴的竞争容易激起孩子的进取心。因此，在家庭生活中，家长需要及时肯定孩子在学习上的努力和付出。当孩子取得成绩时，家长应及时予以表扬，以激起孩子对做事情的兴趣。

期末考试结束后，小敏取得了比较令人满意的成绩，即语文85分、数学80分、英语90分。与上次考试相比，小敏已经进步很多了。当小敏满怀期望地回到家希望得到妈妈的表扬时，妈妈却指出小敏离目标每科达到90分还差很远，要求马上改正错误的题目，说完妈妈就去做饭了。其实这次考试比较难，小敏也很努力了，而且有了很大的进步。可是妈妈并没有看到小敏的改变。听完妈妈的话，小敏顿时觉得无比委屈，觉得学习挺没劲的。整个暑假小敏都不想写作业，妈妈催一次就写一点。直到开学前的一天，小敏才马马虎虎地把作业完成。

四、幼稚与独立。

四年级的孩子容易仅因为一次失败就否定自己。可见，孩子在认知上还是很幼稚的，依赖于外界的评价。此外，四年级的孩子有时认为自己已经长大了，对知识的探索欲快速发展，让他们逐渐形成了自己的见解。但由于自制力还没得到完善，孩子容易对某一件事固执己见，夸夸其谈，但在行动上又很幼稚可笑。这时候，家长需要给予孩子一定的引导和关爱，让孩子在正确的家庭教育思想指引下不断完善自我。

四年级的孩子虽然在某种程度上还比较幼稚，但是已具有一定的独立性，能自主地完成许多事情。通常来说，独立的表现主要体现在：①可以自己搭乘公共汽车前往自己常去的地方，如兴趣班等；②可以有意识地按照闹钟和时间表来计划一整天的事情。在家长的眼中，四年级的孩子还是个小娃娃；但是在孩子的心中，他们认为自己长大了，所以特别不乐意被父母当作小孩子看待。虽然孩子的行动或者想法有时候是非常幼稚的，但家长要予以足够的尊重，适当让孩子按照内心的想法自主地处理一些力所能及的事情。

四年级的孩子仍处在幼稚和成熟的过渡阶段。在这一阶段，孩子一方面想摆脱家长的控制，另一方面又缺乏足够的自主解决问题的能力，这使得孩子在很多时候仍然需要父母的帮助和支持。为了更好地引导孩子的成长，家长需要走进孩子的内心，认真倾听孩子内心的声音。

1. 多一点肯定和鼓励，可以吗？

爸爸妈妈，你们应该看到我平时的努力，不要因为一次的失败就否定我。在我考试不理想的时候，本来我的心情就很沮丧，我此时更需要你们的鼓励，帮我分析失败的原因，而不是一味地数落我、责备我。

2. 我很需要你们的帮助和支持。

爸爸妈妈，其实我也会对很多事情拿不定主意。此时，我需要你们站在成年人的角度帮我分析事情，引导我朝着正确的方向发展。不管我想做什么事情，只要是好的方面，我都希望你们能够尽力地支持我，而不要总违背我的意愿，让我参加许多我根本不喜欢的兴趣班。

总的来说，四年级的孩子希望家长认可自己的优点，给予积极的肯定。孩子想要家长肯定其独立的能力，并且希望家长能够放手让其独自去做一些力所能及的事情。就算家长要插手孩子的事情，也应先询问孩子的意见。虽然孩子还没有能力处理所有的事情，但是已经有了独立的意识，家长应相信孩子有克服困难和挫折的能力。即便孩子还做得不够好，家长也要多以鼓励为主。在这样的家庭环境中成长，孩子才会更加快乐，更能提高各个方面的能力。

实施指南

四年级的孩子虽然有了独立的意识，但是还不能够全面地认识自己，容易受到周边环境和人的影响。例如，有的孩子生来聪明，有的孩子从小就不那么聪明；有的孩子生来漂亮，而有的孩子从小就不那么好看；有的孩子出生在殷实之家，有的孩子生来就贫困……这似乎是不公平的，但是每个孩子身上都有成功的密码，无论出身如何，只要能找到成功的密码，孩子就会在未来的人生中赢得辉煌。在这个阶段需要孩子自己或者在父母老师的帮助下去发现和总结优缺点，从而找到成功的钥匙。

◆ 策略一：让孩子正确地认识自己。

一个人能够真正地认识自己不是一件容易的事，首先要知道自己是谁。一般来说，认识自己的方法有几种：①通过自我反省和检查来认识自己；②通过别人对自己的评价和态度来了解自己；③通过各种心理测验来了解自己；④通过活动认识自己。作为家长，我们不能只用一种方法，那样容易造成认识的偏差，最好能够结合多种途径、多种手段来引导孩子全面地认识自我。只有这样，孩子才能认识到一个更真实的自己。

一位禅师对一名青年说道："譬如同样一斤米，用不同眼光去看，它的价值也就迥然不同。在炊妇眼中，它不过做两三碗米饭而已；在农民看来，它最多值一元钱罢了；在卖粽子的人眼中，包扎成粽子后，它可卖出三元钱；在制饼干者看来，它能被加工成饼干，卖五元钱；在味精厂家眼中，它可提炼出味精，卖八元钱；在制酒商看来，它能造酒，卖四十元钱。不过，米还是那斤米。"禅师顿了顿，接着说："同样一个人，有人将你抬得很高，有人把你贬得很低，其实，你就是你。你究竟有多大出息，取决于你到底怎样看待自己。"

◆ **策略二：引导孩子正确思考自己的优点。**

小明的作文又登上了报纸，邻居阿姨看见后，忍不住夸赞他，"小小年纪就能当作家上报纸了，真是太聪明了，以后肯定不得了，准是个大作家！"，小明的妈妈听后很谦虚地说："我孩子一般，他只是爱好写作而已。"邻居阿姨不由得羡慕地说："那还一般呀？不得了哟！都上报纸啦！"小明妈妈听后报以微微一笑，说孩子只是爱好写作，喜欢阅读，谈不上聪明。等回到家后，小明对妈妈说："妈妈，您这样说也不全对，我写的作文能够上报纸，说明我的写作能力比其他小朋友要好点，但是还有小朋友能够登上电视，说明比我强，我比别的小朋友写作能力稍微强点，比最好的孩子要弱点，所以我还要继续努力！"

听完小明的分析，妈妈感到很欣慰。小明没有因为自己取得一点成绩就骄傲自满，他很清晰地知道自己的位置，也能明白他所取得的成绩是靠平时的努力得来的。因此，当孩子的优点、长处得到他人的赞赏时，家长不用害怕孩子会变得骄傲自满，而应给予足够的认可，并在认可的同时引导孩子正确地对待他人的夸奖，以免失去自我，迷失了方向。

◆ **策略三：引导孩子正确思考自己的缺点。**

俗话说："寸有所长，尺有所短。"世间万物从来没有十全十美，每个人都或多或少存在一些缺点。善于发现自己的优点并努力发挥自己的强项，是让我们的人生变得更好的关键所在。对于一些无法改变的条件，如身高、生理缺陷、疾病、家庭不完整等，家长需要引导孩子认识到这些并不是孩子自身造成的，让孩子放下心理包袱，并努力发掘自身的优势。

汤展中是一个残障人士，出生在广西蒙山县一户普通的农家。他一生下来就没有双手，代替双手的只是几厘米长的“肉芽”，软绵绵的，完全失去了手的功能，故不能称其为手。但凭着自己坚强的毅力和父母的不懈努力，他学会了以脚代手生活。从小就开始练习用口和脚写字绘画，现在左右脚、口皆能书善画，书画作品已形成自己独特的风格，成为当代著名的口足书画家。中央电视台、北京电视台、凤凰卫视等多家媒体拍有他的专集报道，作品及事迹被国内外二百多家书报刊发表，先后获三十余次全国书画参赛奖项。其作品及事迹被编入《中国青少年年鉴》《中国书法家选集》。

◆ 策略四：引导孩子学着制作“我的优点树”。

在家庭生活中，家长可以引导孩子制作“我的优点树”。家长可以对孩子这样说：“请你设想一下，你正沿着一条路走，突然发现前方有一棵很特别的树。这是一棵属于你个人的树，树上结满了果实。这些果实就是你的优点请你用心观察它们，看看它们是什么样的？”接下来，家长可以按照以下步骤教孩子进行操作。

①让孩子用水彩笔画一棵树，树上有结满孩子优点的树，不同的优点用不同的色彩表现出来。

②让孩子展示“我的优点树”。

③让孩子自我反思：在我的优点中哪些已经得到了充分的发挥？哪些还有待改进？

待孩子完成制作后，家长对孩子的优缺点进行双向评价，让孩子更清晰地认识自己，并在实际生活中学会扬长避短。

◆ 策略五：运用鼓励的语言激发孩子的内驱力。

在日常生活中，孩子做得好的方面，家长往往会给予赞扬。孩子得到赞扬时，脸上亦是满脸的光彩。赞扬会促进一些孩子改善他们的行为，但长此以往，孩子容易变成“讨好者”。在做事上，孩子总会寻求别人的认可，可能会逐渐形成一种越来越依赖于别人认可的性格。因此，家长在日常生活中说的话是赞扬还是鼓励，可以从以下几个方面思考：

①我是在激励孩子自我评价，还是让孩子依赖于别人的评价？

②我是看到了孩子的观点，还是只看到了我自己的观点？

③如果面对朋友，我会这样说话吗？

赞扬与鼓励的区别

类别	赞扬	鼓励
定义	①表达令人满意的评价 ②将完美归因于孩子 ③表示认可	①鼓起孩子的勇气 ②对孩子有激励，促进作用
指向	做事的人：“好孩子”	孩子的行为：“干得好”
认可	针对结果：“你做得真棒！”	孩子的角度：“你尽力了！你对你的成果感觉如何？”
态度	大人摆架子：“我喜欢圆圆的坐姿。”	尊重的、欣赏的：“谁可以告诉我，我们现在该怎么样坐？”
“我……”	评价式的：“我喜欢你的做法”	自我指向：“我感谢你的合作”
常用的对象	孩子：“你真是个好孩子”	成年人：“谢谢你的帮助”
控制点	外在的：“别人怎么样想的？”	内在的：“我是怎么样想的？”
教给孩子	该想什么；依赖于别人的评价	如何想；属于自我评价
目的	遵从：你做得正确	理解：你想到了，学到了，有什么感觉
对自我价值感的影响	当得到别人的认可时，觉得自己是有价值的	觉得自己有价值，并不需要他人的认可
长期效果	依赖于他人	自信、自立

总的来说，孩子的成长需要家长的正确引导。家长的鼓励可以让孩子为了呈现更好地自己而努力，但家长也不必要求孩子做到完美。如果

孩子做错了事，家长不应该一味地进行批评，而应和孩子一起做“头脑风暴”，想出改正错误的办法，并引导孩子通过设立目标不断改正缺点，正确对待他人的评价。经过家长多种形式的引导，孩子才逐渐学会在遇到困难时先平复情绪，再冷静思考解决的办法，并充分发挥自身的优点赢得更多的赞赏。

多边互动
——拓宽生活交际，多学他人之长

案例分析

小雨是小学四年级学生，他平时成绩不错，上课也爱积极回答问题，特别是数学题，平时班里同学都不会做的数学题目，唯独只有他能解答出来，同学只要有不会的数学题目都喜欢去问他，老师也经常表扬他数学厉害，可以当小老师了……渐渐地，小雨认为自己的数学能力在学校无人能及，有一次参加县里的数学解题小能手竞赛活动，他对自己充满了信心。在进入赛场大概扫了一次题目后，心里禁不住得意起来：“哼！这破题目还能难倒我？”他飞快地做起了题目，自以为无懈可击，就把卷子交了上去。比赛完的小雨自我感觉非常棒，觉得应该可以获奖。小雨终于盼到了比赛成绩发布的那一天，当他看到成绩时，只得了不到八十分，根本没有获得奖次。小雨懊恼极了，但更多的是反思，为什么觉得自己考得很好了，可是还是排在后面呢？难道是还有其他原因？原来，小雨在班级里的学习成绩比较好，但他也因此而满足了，他没有去了解其他班级的同学，甚至其他学校的同学。因此，小雨以为只要是在班级里学得好，就一定在比赛中可以出类拔萃。结果，小雨想错了，别的班级、别的学校也有高手，也有强人。此时，小雨才意识到要是在平时能够多接触多了解别的班级、别的学校的情况，多和人接触，也就不至于觉得自己有多厉害了。通过这次比赛，小雨懂得了“山外有山，人外有人”这句话所表达的道理。

在案例中，小雨的学习成绩很好，表现也很积极，由于经常得到老师、同学的赞扬，便认为自己很“厉害”“顶呱呱”，不由自主地就骄傲起来。骄傲自满的孩子常常表现得过于自信，总是高估自己的能力，还会低估其他的孩子，容易看不起别人。而且他们大多会虚荣心过强，只喜欢听到别人的赞美，不能接受别人的批评。这类孩子容易形成只许赢不能输的心理，稍有挫折，便会大哭大闹、沮丧颓废，很容易失去心理平衡。孩子为什么会有骄傲自满的心理呢?

1. 模仿父母的言行。

家长在孩子面前不注意自己的言行。有些家长由于自身条件比较优越，总是表现出一副扬扬自得的神态，甚至流露出对他人不屑一顾的态度；有些父母之间喜欢在孩子面前经常嘲笑他人的缺点；还有些父母喜欢占小便宜还认为自己很聪明等，殊不知孩子在耳濡目染中学习了大人的各种言行。

小明的妈妈是家庭主妇，爸爸是出租车司机，一天到晚在外面奔波，小明的衣食住行都是由妈妈一手操持。平时，妈妈带着小明去的最多的就是菜市场，里面的卖菜阿姨都认识小明的妈妈。每次买菜时不管是买多少钱，小明的妈妈都要老板给她几根香葱、香菜之类。若老板不给，小明的妈妈便会自己拿了就走。由于大家都是熟人，老板也不好说什么。于是渐渐地，小明也学会了爱占小便宜的毛病。到了学校，无论同学有什么好玩的，小明也不管同学乐意不乐意分享，就要拿同学的东西进行玩耍。看到同学有好吃的，他也拿来直接吃，完全没有征求同学的意见。可小明从来不舍得和同学分享玩具和美食。

2. 受家庭环境的影响。

有些孩子的家庭生活条件优越，吃穿用度都比其他同龄的孩子要好。如果家长对孩子不加以引导，那么孩子很容易就养成爱炫耀自己、嘲笑别人的毛病。比如，经常穿新衣服的同学会看不起穿旧衣服的同学，有的孩子经常在其他同学面前炫耀吃过什么、用过什么、去过哪里旅游，有的甚至会容易嘲笑别的同学是“土包子”“穷人”，等等。

3. 长辈过度夸奖。

有时父母、爷爷奶奶或者家里的其他长辈，会因为一点点不足以夸奖的事情而给予不切实际的夸奖，这样容易让孩子觉得自己了不起，养成看不起别人的习惯。如果在亲朋好友面前常常炫耀孩子，孩子就会容易认为自己很了不起，别人都不如自己，产生骄傲自满的心理。

小华期末考试得了第一名，爷爷奶奶非常的高兴，逢人就向别人夸奖自己的孙子有多厉害，考试得了第一名，将来定是读清华、北大的料。小华听了心里也是美滋滋的，认为自己将来一定可以考上重点大学，渐渐在学习上看不起成绩比他差的。当别人跟请教他问题时，他也是一副不耐烦的样子。

了解孩子

处在四年级的孩子一般是依据外界反映来进行自我认识，从而外化为行动。因此，不管是哪一种行为都会受到家庭的影响。家长在生活中应多引导孩子用心去与人相处，让孩子主动发现别人的闪光点，不骄傲自满；同时鼓励孩子多看到自己身上的闪光点，不妄自菲薄。为了更好地引导孩子拓宽自身的交际圈，有效帮助孩子掌握更好的学习方法、生活技能，家长需要清晰地了解孩子在这个阶段的心理、生理特征。

一、孩子的自我意识发展较差，还不能客观地评价自己，也不能客观地评价别人。

一些孩子学习新课程接受能力好，学得快。在被老师表扬后，孩子就容易骄傲起来。于是，受到表扬的孩子会经常跑去学得慢的孩子那里炫耀，认为自己厉害，别人不厉害；或者有的孩子会因为一次的好成绩，就会容易松懈，并以为自己很聪明、很厉害，逐渐变得不再认真、谦虚地学习。长此以往，孩子的学习自然会有所退步。

二、受到过度表扬，没有经历过什么大的挫折，认为万事都很容易成功。

有些孩子只是做了力所能及的个人事情，如按时写作业、自觉起床、整理房间等，父母或者长辈就不断夸奖“你真棒”“你很厉害”等。对于孩子取得的小的成绩或做得不错的事情，家长心里可以高兴，但表面还是要保持较为冷静的心态，并告诉孩子小的成绩不等于最终的成功。家长应适当教导孩子要想获得最后的胜利，实现未来的理想，还是不能松懈，让孩子养成无论何时都努力奋斗的好习惯。

佳琪早上自己起床、刷牙、整理书包，她都习惯了。但是爷爷奶奶还因为这样的小事多次在别人面前夸赞：“小琪琪真棒”。佳琪则认为这些是生活的基本技能，所以每每听到爷爷奶奶说这样的话，就很无奈。

是呀，对孩子来说，这些都是日常生活的事。家长或者长辈不需要因此而给予孩子太多的赞扬。

三、容易受到家长不具体表扬的影响，出现“摸不着头脑”的现象。

父母在表扬孩子的时候，要适当、有原则、具体地表扬孩子哪些行为是好的，不要没有原则地概括性表扬，如“宝贝你真棒！”“你最厉害了！”等。这种类型的表扬会让孩子产生错觉，以为自己是最聪明的，是靠“聪明”而不是通过努力取得的成绩。长此以往，孩子会认为别人都比自己差，也不知道自己好的方面是哪些，以后需要改进的是哪些。因此，家长在表扬孩子时，一定要有针对性地将表扬落在具体的事情上，讲述具体的内容。只有这样，孩子才能从家长的表扬中获得更有效的引导，才能真正享受到家庭教育的效用。

四、孩子自身因素。

有些孩子天生比较容易骄傲自满，一般与孩子的体质、家庭环境和接触的外界事物有关，当所处的环境比较顺利单一，没有经历过挫折，孩子就容易产生自己很厉害的幻觉。

个儿高的长颈鹿很瞧不起个儿小的刺猬。刺猬不服气，要和长颈鹿比一比，长颈鹿见前面有棵果树，说："我们比吃东西，看谁能吃到树上的东西。"他们来到树前，长颈鹿稍稍抬头就能吃到树叶，可长颈鹿劲太大，把树上的果子都摇了下来，个儿小的刺猬吃不到树叶，但能吃到地上的果子。小刺猬的肚子太小，吃不了多少，所以他打了个滚将地上的果子都戳到背刺上，满载而归，这一次，两人打了个平手。长颈鹿不服气，要与小刺猬再比一比，看谁最先发现敌人。长颈鹿想着，自己长长的脖子，睁大眼睛可以看得很远。这次自己赢定了，很快，长颈鹿发现了老虎。就在同时，小刺猬也喊了起来："我闻到老虎的气味，老虎来了！"他们两个又为谁先发现老虎而争吵起来。老虎离他们越来越近了，长颈鹿和小刺猬吓得撒腿就跑。长颈鹿边跑边想："小刺猬腿短，走路慢，肯定被老虎吃掉了，我赢定了。"第二天长颈鹿散步时，又碰见了小刺猬，说："我还以为你被老虎吃掉了呢！"小刺猬回答："我浑身都是刺，老虎不敢碰我！"小刺猬问长颈鹿："为什么你没有被老虎吃掉？"长颈鹿自信地回答："我有长长的腿，老虎怎能追得上我呢？"这下，他们都笑了，他们终于明白，每个人都有自己的优点，我们要善于发现别人的优点。

其实，家长可以教孩子这么想：当别人取得好成绩时，我会主动对别人说"你很棒"，而我也觉得非常快乐。此外，承认别人比自己厉害并不是贬低自己，我也愿意学习别人的过人之处。

在家庭教育的过程中，适当的鼓励和赞扬是促使孩子取得更大进步的润滑剂，也是孩子在面对失败时不会失去信心的加油站。接下来，我们一起听听孩子的心声吧。

1. 不要总把我的缺点与他人的优点做比较。

虽然我学习一般，但是口才很好。在学校每次举行的演讲比赛上，我都非常积极地参加，还经常获奖。爸爸妈妈，你们可曾看到过我身上的闪光点？你们口中的“别人家的孩子”也能像我一样擅长演讲吗？请你们也耐心地去发现我身上的优点吧！我不喜欢你们老是拿我和别人家的孩子做比较，那样真的很伤害我的自尊。

2. 请给予我真诚的表扬，而不要说些“空话”。

“这次班上你的进步最大，你的进步来自你的努力，妈妈替你感到骄傲，也请你再接再厉，妈妈期待你下一次的成功！”听到这样真诚的表扬，我会既开心又激动，也会有一种被认可的感觉。但在我取得进步时，爸爸总是冷冷的一句“不错”“还行”。这种表扬并没有什么鼓励的语气，让我不知道你到底夸我的具体是什么。对于这样空洞的话，我一点也不喜欢听！

总的来说，孩子如果学会了欣赏他人，就能够从别人的身上发现优点，从而喜欢与人交往。懂得欣赏他人，既能让孩子拥有数不尽的良师益友，也能够让孩子的生活多许多亮丽的色彩，这会是孩子一生的宝贵财富。

实施指南

四年级的孩子处在幼稚向成熟过渡的阶段。那么，家长应如何让孩子学习他人的长处，并在学习中不断进步，增强自信心？或许以下几个方面的行动策略会对我们的家庭教育工作有所帮助。

◆ 策略一：扩大孩子的生活范围，拓宽孩子的眼界。

进入四年级，孩子除了要完成学业，还需要接触、了解外面的世界。如果家庭经济条件允许，家长可以让孩子多体验各种课外实践活动，引导孩子对其感兴趣的课程深入学习。每年寒暑假来临时，家长还可以和孩子一起去旅游，以增加孩子的见识。如果家庭经济不允许，家长也可以带领孩子到家里附近或当地有名的文化故地进行参观，了解先人的伟大事迹。在日常生活中，家长应多带着孩子参加家族聚会，让孩子多和家里的亲戚走动，让家里德高望重的长辈多讲些英雄故事，以激励孩子的上进心。此外，家长还可以多了解孩子的交友状况，多鼓励孩子结交更多志同道合的朋友，让孩子学会与同伴一起进步一起成长。

佳佳的成绩很好，他的父母都是公职人员，平时对他的学习严格要求并每晚监督辅导，所以佳佳在班里成绩很好。而乐乐成绩并不太好，他的父母都没什么文化，开了个修车铺，平时也辅导不了他学习，甚至忙的时候还要乐乐搭把手，他在班里的成绩属于中下游。有一次放学的时候，佳佳的妈妈电动车坏了，刚好在乐乐家的修车铺修车，爸爸忙不过来，只好乐乐帮忙修车，佳佳看见和自己年纪大小一样的乐乐修车，太惊讶了！“你居然会修电动车？”乐乐不以为然：“我6岁就跟着爸爸学习修理各种东西了。”佳佳继续问道：“那你还会修其他东西吗？”乐乐不好意思地答道：“嘿嘿，差不多都会点吧。”佳佳拿出了无人机，伤心地说：“不知道今天在展示的时候被谁弄坏了。”乐乐拿过来三下五除二就修好了，佳佳对乐乐称赞不已。

◆ 策略二：让孩子积极参加学校的或者校外的集体活动。

家长要注重过程和动机，切不可以只看结果。当学校举行各类社团招新、相关比赛等活动时，家长可以根据平时从老师处了解到的情况，适时地鼓励孩子积极参与其中。只有参与到活动中，孩子才能有效地激发自身的潜能。在活动中，孩子可以接触更多有特长的人，这样可以增进孩子的学习之心，避免孩子出现骄傲自满的心理。

在实际的生活中，家长可以这样做：①带孩子参加革命教育基地的参观活动，培养小学生的爱国精神，了解中国共产党的伟大历程，这非常有教育意义。②带孩子做社会公益宣传。比如，去街上宣传遵守交通规则和爱护城市环境的重要性；参加环保行动，到街上宣传垃圾分类的意义，等等。③家长还可以带领孩子参加一些课外的学习小组，让孩子多和其他的小学生接触，在提高学习成绩的同时还能提高孩子的沟通能力，多学习他人之长。

◆ 策略三：让孩子学会欣赏自己，以增加孩子被欣赏的体验和经历。

学会欣赏是提升人际交往能力的最好方式。孩子要欣赏别人，首先要学会欣赏自己。自我欣赏是一种自信的表现。四年级孩子的自我欣赏能力还不够，他们更多的是通过自己心目中的权威人士（尤其是家长）对自己的评价来认识自己。因此，要让孩子学会自我欣赏，关键在于家长要首先欣赏自己的孩子，让孩子发现自己的优点，帮助孩子树立自信心，同时引导孩子学会用正确的方法欣赏别人。

◆ 策略四：引导孩子善于发现别人的长处，赞美他人的优点。

对于明摆着的东西，人人都看得见。也就是说，赞美对方已经做得很好了，对方未必有感觉，因为每个人都有进取之心，都想把事情做得更好。因此，家长可以这样指导孩子：在赞美他人时，须以对方想做的事情为出发点，而不只是赞美对方显然很出色的地方，让我们的赞美更多地变成一种鼓励、一种支持。这样的赞美方式有利于拓宽孩子的交际，并能从别人身上学到更多的新技能。

接下来，让我们一起试着做一下关于“发现身边人的优点”的活动吧。

1. 请孩子看下边的图，看到了什么？

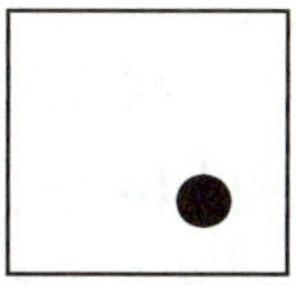

在上图中，黑点代表缺点，空白代表优点。很多人看后都说看到一个黑点，却很少人说看到了有大片空白的地方。这是因为人的本性，在看待事物的时候总是喜欢带着挑剔的眼光，去找别人的缺点，容易忽略别人的优点。

2. 发现同学的优点

请孩子认真思考班级上或者身边认识的小朋友身上有哪些值得孩子学习的优点，并逐一把它写出来。例如：班上有同学请假生病了，李明主动把笔记借给那位生了病的同学，让同学自主地进行学习；隔壁的小美主动帮妈妈照顾弟弟，分享自己的玩具给弟弟玩……

①______________________________

②______________________________

综合上述，每个人都有可以让别人学习的长处。四年级的孩子不仅要主动看到自己比别人厉害的地方，而且要认真地思考别人身上的长处，用真诚的态度赞美别人所取得的进步，不断激发自己求学上进的动力。因此，在家庭教育的过程中，家长须以身作则，为孩子树立良好的榜样，帮助孩子成为一名谦虚好学、真诚友善的青少年。

延伸拓展

阅读推荐

> >> 1.《家访秘籍》(主编：张丽芳；出版单位：上海教育出版社)。

理由及建议：该书分为家访三部曲和家访有妙招两部分，不仅详细介绍了家访前、家访中、家访后的相关工作，如家访工作清单、预约时间、设计路线、材料准备、服装准备、互动贴士等，而且针对典型的家访案例提出了具体的应对技巧。通过阅读该书，家长能更好地配合老师做好家访工作，共同助力孩子的健康成长。

> >> 2.《好家长携手好老师：家校共育的79个案例》(主编：荣飞雪；副主编：王燕彤；出版单位：学苑出版社)。

理由及建议：该书收录了来自北京市西城区德胜少年宫和西城区展览路少年宫教师的关于如何密切联系家长做好儿童教育的征文40多篇，以及来自西城区十几个中小学学校的家长对于如何携手学校教师教育好自家孩子的教育案例30多篇，共计70多篇。该书充分体现了家校携手、共同教育孩子的真实案例和经验总结，对中小学校的家校沟通和家校共育工作具有很强的借鉴和启发作用。

> >> 3.《共绘成长地图：家校共育建构小学职业意识启蒙课程的行动研究》(编者：上海市建青实验学校小学部；出版单位：中国出版集团、东方出版中心)。

理由及建议：该书主要讲述了小学生职业意识启蒙课程在建青实验

学校小学部的实践情况和经验。通过整合学校、家长、社会教育资源，该校积极探索、开发并完善了以家校共育的小学生职业意识启蒙课程，对小学阶段的职业意识启蒙教育具有很大的参考价值。通过阅读该书，家长可以更有针对性地帮助孩子了解和认识自我，培养孩子强大的自信心，让孩子树立对职业的敬仰感，引导孩子在确立目标后能付出努力，并学会自主规划，从而真正点燃孩子的职业梦想。

›› 4.《第56号教室的奇迹：点燃孩子的热情》(著者：[美]雷夫·艾斯奎斯；译者：朱衣；出版单位：光明日报出版社)。

理由及建议：该书是一本主张要让孩子在长大后成为一个有担当、有热情、有理想的人的图书。该书虽然是以一名教师的角度写的，但是里面有许多涉及家庭教育和学校教育的不可分割性的内容。因此，该书所提供的大量具体实施办法和事例，不仅适合老师阅读，也适合广大家长阅读。通过阅读该书，老师和家长可以正确地看待孩子成长中出现的各种问题，这值得老师、家长学习、借鉴。

评估改进

一、自我评估

您在日常生活中的实际情况与下面列出的表现是否相符？若相符，则选“是”；若不相符，则选“否”。

	是	否
① 您欢迎老师家访吗？	□	□
② 您觉得家访对孩子有用吗？	□	□
③ 每次老师家访时，您是否会在家迎接老师的到来？	□	□
④ 您是否有和孩子提前做准备工作？	□	□

	是	否
⑤ 在家访时，您是否会主动询问孩子的在校情况？	□	□
⑥ 您是否能主动配合老师提出适当的教育方法？	□	□
⑦ 您是否能坚持执行与老师共同制定的教育方法？	□	□
⑧ 您会让孩子做自我评价吗？	□	□
⑨ 您会听取孩子不同于你的意见吗？	□	□
⑩ 您能引导孩子对自己的优缺点做评价吗？	□	□
⑪ 孩子做事失败，您能引导孩子从自身找原因吗？	□	□
⑫ 您是否愿意孩子结交成绩不好的孩子做朋友？	□	□
⑬ 您赞扬孩子的时候是否能看到孩子的缺点？	□	□
⑭ 您会主动让孩子参加班级集体活动吗？	□	□
⑮ 您会表扬孩子是通过努力取得的好成绩吗？	□	□
⑯ 您认为孩子和同伴一起学习会有利于提高学习效率吗？	□	□
⑰ 您的孩子在同伴出现失误时能否主动提出帮助？	□	□
⑱ 您的孩子能经常听到您对他（她）欣赏吗？	□	□
⑲ 您的孩子不认为主动向别人学习是一种可耻的行为。	□	□
⑳ 您会鼓励孩子主动学习别人的长处吗？	□	□

【评估参考】

如果您选了12个及以上“是”，那么您在家校合作方面做得比较好，而且您在对于孩子的评价和引导孩子的学习等方面也做得比较好，值得继续坚持与发扬。如果您选择12个以下“是”，说明您需要和孩子共同寻找原因，帮助孩子找到与同伴共同成长的切入点，并对孩子进行正确的引导，以便更有效地促进孩子健康、快乐地成长。

二、改进计划

亲爱的家长，您好！阅读本专题后，您应该对如何建立和谐的家校合作关系，共同助力孩子的健康成长有了更深刻的认识。下面请您结合实际情况，写出自己的改进计划，并逐项完成。